上杉鷹山とイノベーション経営

うえすぎようざん

田中宏司・水尾順一・蟻生俊夫【編著】

同友館

はじめに

赤、オレンジ、水色、黄色…。東京の町中を歩くと、17色のカラフルな円形のピンバッジをつけたサラリーマンの姿が目に入る。ＳＤＧｓ（エスディージーズ）ピンバッジである。

全世界では、現在、地球環境問題に伴う資源・食料・水の不足や、貧困・人権への対応など、さまざまな課題への対応が求められている。そして、国連は、２０３０年までに持続可能でよりよい世界を目指すため、貧困、飢餓、ジェンダー、教育、環境、経済成長、人権など17のグローバル目標からなる「持続可能な開発目標（Sustainable Development Goals：SDGs）」を示した。これは、２０１５年９月、日本を含む１９３の加盟国の合意の下、採択された。ＳＤＧｓの達成には、社会、そしてイノベーションの主体となる企業に、大きな役割が期待されている。

日本では、ＳＤＧｓについて、政府によるＳＤＧｓ推進本部の設置、企業によるさまざまな取り組みなど、多様な主体によって積極的に推進されている。また、近年、少子高齢化が急速に進むなか、企業の大半を占める中小企業を中心に、廃業せずに、後継者に事業をうまく引き継ぐ事業継承の問題がクローズアップされてきている。

ＳＤＧｓの達成、さらには企業の持続的な発展、継続は、技術的なイノベーションだけでは実現できない。新しい仕組みやしかけ、制度を創り、それをリーダーシップのある経営者によって推進する「イノベーション経営」を実践する必要もある。

「為せば成る　為さねば成らぬ　何事も　成らぬは人の為さぬなりけり」

これは、江戸時代屈指の明君として知られる上杉鷹山（うえすぎようざん）の言葉である。多くの実力経営者やトップリーダーが、尊敬する人物として上杉鷹山の名を挙げている。

上杉鷹山は、江戸時代後期の１７５１（宝暦元）年、日向国（現在の宮崎県）高鍋藩主の次男として生まれた。満９歳の時に出羽国（現在の山形県）米沢藩主の上杉家の婿養子となり、満15歳で家督を引き継ぐ。この頃の米沢藩は、飢饉や洪水被害などによって窮乏を極め、領地返上寸前までに陥っていた。この窮状に対し、上杉鷹山は、質素倹約、殖産興業、田畑の開墾等を実施し、養蚕・織物等の新産業の開発にも努めた。そして、農村振興により天明の大飢饉を乗り切った。

上杉鷹山の藩政改革には、①ビジョンの明確化、②人材の登用、③リーダーシップの発揮、④意識改革、⑤情報収集と公開、⑥権限委譲、⑦コミュニケーションの活性化、⑧創造性の発揮、そして⑨事業継承など、現代の経営倫理にも参考となる取り組みが多々存在する。

ＳＤＧｓ推進や働き方改革が叫ばれる今こそ、また中小企業を中心とした事業継承が問題視される今こそ、イノベーション経営、組織と人間の管理術の要諦にヒントを与える上杉鷹山の思想に触れる意義がある。

しかしながら、上杉鷹山の事跡を扱った小説や伝記は数多くあるものの、彼の藩政改革について、イノベーション経営や企業倫理といった現代経営の視点から紹介、解説した単行本は、これまで非常に少ないのが現状であろう。

本書は、こうした問題意識からスタートし、ＣＳＲ（企業の社会的責任）を専門に研究する日本経営倫理学会のメンバーや、産業界で実務を経験しながら研究する一般社団法人経営倫理実践研究センター（巻末参照）の会員企業の社会人らが集まり、議論を始めた。

加えて、筆者らは、上杉鷹山の藩政改革の詳細を探るため、２０１９（令和元）年5月、山形県米沢市にある上杉神社・博物館、上杉家御廟所、彼の倹約誓詞を所有する白子神社、彼が恩師・細井平洲（へいしゅう）を出迎えた普門院・一字一涙の碑など、上杉鷹山ゆかりの数多くの施設、場所を訪問した。ここでは、彼のさまざまな改革や取り組みなどを実際に見て、学ぶことができた。そして、上杉鷹山の藩政改革やリーダーシップの事実や実践について、社会に広めることの重要性を強くもった。

本書は、この上杉鷹山とイノベーション経営の重要性に共感した13名の執筆者によって執筆している。

共同執筆の場合、ともすれば、オムニバスとなり、全体の主張がぼやけてしまう、重複があるなどの欠点も懸念された。これに対し、本書では、執筆者全員で上記の現地視察を行った。また、上杉鷹山の藩政改革の事実を中心に紹介されている小関悠一郎著『上杉鷹山と米沢』（吉川弘文館、２０１６年）と横山昭男著『人物叢書　上杉鷹山』（吉川弘文館、１９８７年）という2冊の熟読、理解を前提に執筆を進めていった。そして、全体の章のつながり、構成、バランスを最大限に意識した編集を行った。

本書では、上杉鷹山のさまざまな功績について、財政改革、産業改革、組織改革など、リーダーシップにもとづくイノベーション経営の実践から解説、振り返り、現代の企業経営への示唆なども含めて紹介する。これにより、上杉鷹山の魅力を新たな視点で情報発信、再発見するとともに、企業の持続可能な発展に生かすべく社会に提言する。

この結果、本書は、上杉鷹山のリーダーシップにもとづく藩政改革の概要から理論、実践、実務までを含み、他に類を見ない構成、内容という特長を有している。筆者らは、本書により、リーダーシップの理論と実践を一体化させて、現在に生かす「イノベーション経営」として社会に提起したい。

なお、本書は、研究書ではなく、一般の読者を想定している。このため、本文には、一部を除き、個々の引用・参照箇所は示していない。参考にさせていただいた文献、先行研究に関しては、巻末に一覧として示した。また、年齢表記については、数えでなく、満年齢を採用した。

筆者らは、偉人から学ぶＣＳＲ経営の三部作として、２０１６（平成28）年に『渋沢栄一に学ぶ「論語と算盤」の経営』（同友館）、２０１７（平成29）年に『二宮尊徳に学ぶ「報徳」の経営』（同友館）、２０１９（平成31）年に『石田梅岩に学ぶ「石門心学」の経営』（同友館）を刊行してきた。本書は、これらの姉妹編の位置づけである。

本書を執筆するにあたって、筆者らは、多くの関係者や組織、企業の方々からご協力をいただいた。

特に、筆者らによる米沢市の視察では、米沢市総合政策課地域振興主査・相田隆行氏には、訪問先や宿泊先の調整等していただいた。おしょうしなガイド（米沢市のボランティア観光ガイド、「おしょうしな」は米沢方言で「ありがとう」）の会・前山みゑ子氏には、上杉鷹山ゆかりの地の案内と説明に加え、「上杉鷹山の財政改革」をテーマにした講演をうかがうことができた。

また、上杉鷹山研究の第一人者である、千葉大学教育学部准教授・小関悠一郎氏には、上杉鷹山の事跡に関する疑問に対し、丁寧にご説明いただくとともに、いくつかの貴重な関連資料を提供していただいた。

これらにより、上杉鷹山の取り組みの事実関係を明確にし、学会メンバーによる執筆であることを特長とした、事実と理論にもとづく著作を仕上げることにつながった。

さらに、日本経営倫理学会からは研究プロジェクト助成金をいただき、経営倫理実践研究センターからはＣＳＲ部会という研究の機会を頂戴している。

本書の出版もこれらのおかげであり、執筆者を代表して衷心からお礼を申しあげたい。

最後に、脇坂康弘・株式会社同友館代表取締役社長、および鈴木良二・同社取締役出版部長には、本書の企画、執筆者打ち合わせ、編集業務などにおいて貴重かつ的確な助言も頂戴した。お二方のご協力によって本書を出版することができた。執筆者を代表して心から感謝申しあげる。

本書が、多くの人たちや組織、企業にとって、上杉鷹山の取り組みの事実を知り、今後の生き方やＣＳＲの道しるべとなれば望外の喜びである。

２０２０年3月

執筆者を代表して
田中宏司・水尾順一・蟻生俊夫

目次

【プロローグ】 イノベーション経営に取り組んだ上杉鷹山

いま、サステナビリティ（持続可能性）という言葉が時代のキーワードとなっている。変化が速い今の時代は、企業の先行きは不透明で不確実、そして、いつ何が起きるかわからないというように、不安定極まりない。いわば「不透明・不確実・不安定」な「三不の時代」ともいえる状況だ。

江戸時代に構造不況といわれた米沢藩（山形県）をよみがえらせた上杉鷹山（以下、鷹山）も、こうした三不の時代に改革を実践した藩主である。米沢藩の危機を乗り切り、再生させた背景には、財政改革、農地改革、さらには組織改革などのもととなる鷹山の経営理念とさまざまな「改革（イノベーション）」があったことを指摘しないわけにはいかない。

彼の行った藩政改革といわれるイノベーションには、

①　鷹山の経営理念がどのように確立され、実践されたか

②　具体的なイノベーションは、どのような意味をもち、成果をあげたか

プロローグではこの2つの問題意識をもとに筆を進めていきたい。

1．経営理念の二本柱―経済面での「大倹令（倹約令）」と倫理面での「学問」

鷹山は、藩政改革を進めるうえで柱となる経営理念に、次の二本の柱―①経済面での「大倹令（倹約令）」と、②倫理面での「学問」を掲げた（小関、前掲書、33-34頁）。

そもそも経営理念とは何を意味し（意義）、さらにどのような役割をもつものか、このことについて最初に明確にしておきたい。そのうえで鷹山が実践した経営改革の柱となった2つの理念について考えてみる。

（1）経営理念の意義と役割

経営理念は「企業経営について、経営者ないし会社あるいは経済団体が公表した信念」としている（奥村、1994、2-3頁）。ここでの信念とは、経営者あるいは企業全体が社会の普遍的価値観に即して正しいと信じる強い使命感や決意、精神的な拠り所を意味し、単に経営に関するマネジメントの方法、直感、経験などではない。

経営理念が社内外のステークホルダーに公表・明示されることで、組織の一体感が生まれる。知識や認識の過程には言語によって明示することのできない暗黙の要素として「暗黙知」があるが（ポランニー、訳本、1980、4頁）、逆に言葉や文章で「形式知」として明示することで、共感と賛同を得ることも可能になる（野中・勝見、2004、41頁）。その結果、組織の求心力も強まり、社会からも支持され、市場経済のメカニズムが有効に機能し発展するのである。これらが経営理念の役割といえる。

以上のことから、経営理念は、「企業の経営活動に関し、企業や経営者が社内外のステークホルダーに対して宣言し明文化することで、企業と組織構成員が抱くことのできる共通の価値観であり、企業が持続可能な成長を目指して経済活動を遂行していくうえでの指導的な原理であり、経営指針である」と定義することができる。

鷹山が上杉藩を引き継いだ当時は、「経営理念」というような言葉自体はまだ存在しなかったが、藩政改革を進めるうえで重視した2つの柱は、現代の「経営理念」に匹敵する鷹山の経営哲学であった。しかもそれを暗黙知ではなく後述の誓詞や誓文などで明示し、形式知として広く発布したことが重要なポイントである。

（2）経済面での「大倹令（倹約令）」

●相次ぐ領地の減封で財政難に陥る

鷹山が取り組んだ藩の財政改革には「出づるを制する」という歳出抑制と、一方では「入るをはかる」という歳入増の二本柱があった。前者の歳出抑制の考え方は、「大倹令（倹約令）」につながり、後者は、後述する殖産興業に結びついていく。

まず、「大倹令（倹約令）」の背景には、以下のように上杉藩の領地が、時の権力者によって相次いで減封されたことと、その結果もたらされた上杉藩の財政破たんという事情があった（童門、1990、22-23頁）。

時は戦国の世。「越後（新潟県）の虎」とも呼ばれた上杉謙信は、直江津港での交易によって豊かな経済力を有していた。だが、養子・上杉景勝の時代には秀吉によって越後から会津に移され、それでも会津の所領高は120万石であった。さらに、関ヶ原の戦いで景勝は西軍の石田三成に味方し敗軍となったため、米沢30万石に移封された。

しかも、景勝亡き後の相続手続きが不備であったため領地は減封され、結局は15万石まで半減した。それでも上杉家は景勝の意向によって、会津120万石時代の家臣6000人は減らさずに召し抱え続けたのである。家臣の人件費だけで合計13万石にもなり、その他の生活費や交際費、慣例行事などの行政経費も含めると大赤字だった。

上杉治憲（のちの鷹山）が藩主である養父・上杉重定から、満16歳で第9代藩主として家督を継いだときには、このように藩政改革を余儀なくされたという事情があった（小関、前掲書、158頁）。

なお、家督を継いだ鷹山の出身、生い立ちなどは第1章を参照されたい。

●藩の窮乏を「大倹令（倹約令）」で乗り切る

新藩主に就任した鷹山が、1767（明和4）年4月、和歌を詠んだ。「受次（うけつぎ）て、国のつかさの身となれば、忘るまじきは民の父母」とある。

同様の趣旨の誓詞を、上杉家の菩提寺である春日山林泉寺境内の春日社（上杉の祖神を祀る）に、また、白子神社（米沢城の鎮守）にも誓文を奉納した。学問・武術を常に怠らず、

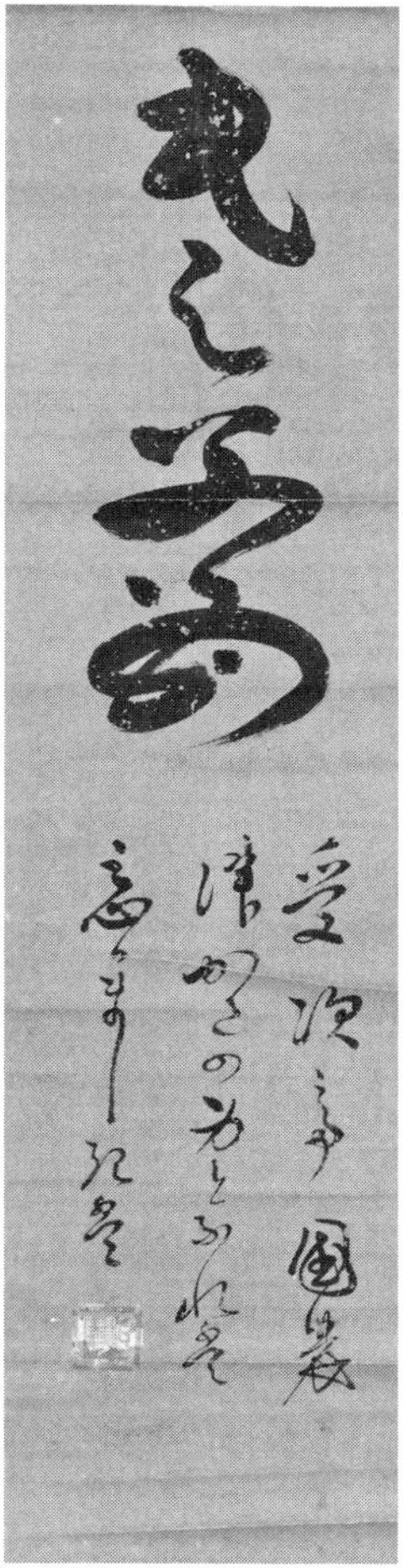

上杉鷹山公誓いの和歌
「民の父母」
出所：上杉神社所蔵

ていた。

「民の父母」の心得を第一として「仁政（じんせい）」や「安民」を大切にして、藩主として適切な行動を取るべきこと、大倹約を実施して国家を中興するというような内容である（小関、前掲書、33頁）。鷹山が指示した今後10年間に取り組むべき大倹約の内容には、次のようなことが記されていた。

① 神仏の祭典や祝賀行事の制限、あるいは延期
② 参勤交代の大名行列の人数削減
③ 内輪の場合は木綿着用、江戸三屋敷勤めの者も木綿衣服の着用もよし
④ 平常の膳部（食事）は一汁一菜、ただし、年末年始は一汁二菜で祝うこと
⑤ 奥女中を九人に（前藩主は五十余人）
⑥ 藩主の年間仕切り料（予算）は千五百両から、世子（よつぎ）時代の二百九両へと据え置き

このほかにも細かな出費を抑えるようなことも書かれており、当時の藩士の生活からすればかなり厳しい内容であった。藩士に発布したものであるが、「他人に於ける革新は、自分自身の革新をもって始めなければならない（内村、1941、61-62頁）」として、鷹山自らも木綿の着用や一汁一菜など率先して垂範した。

ただし、これらはあくまでも「出づるを制する」という意味で藩政改革の消極的半面に過ぎない。積極策は後述（第2章）のさまざまなイノベーションで「入るをはかること」や、人材

の登用でモチベーションの向上を進めつつ、「民の幸は、君の富なり」として藩政改革に取り組んだことであった（内村、前掲書、63頁）。

●人心を束ねる鷹山

しかし、これらが米沢の重臣や一般藩士に簡単に受け入れられたかといえば、そうではなかった。鷹山の独断専行として批判が集中したため、国許から家老の千坂高敦（ちさかたかあつ）を呼び寄せ、自らの意思を綴った「志記」と称する書をもたせて説得にあたった。

約2年後の8月に重定の子・幸姫（よしひめ）との結婚などを経て、1769（明和6）年10月、鷹山は江戸から米沢の国許で初入部となるが、まだ18歳の若い藩主が取った行動が、人心を動かすこととなる。

福島からの国境を越えて板谷宿、大沢宿などを経て米沢へたどり着くということになるが、最初の板谷宿は税の重さに耐えかねて人々は逃げ出し、廃墟同様であった。最初の入国の日であったが、宿も見当たらないため、鷹山自ら寒風の雪中での野宿を提案した。家臣団は焚火で暖をとる一方で、近所の民家から買った酒を鷹山は家臣一人一人に注いで回った。

●「改革の火種」を誓い合う

翌朝から再び駕籠で移動することになる。駕籠の中に煙草盆があり、道中、灰皿はほとんど冷たくなっていたが、煙管で何気なくその灰皿をかき回すと、小さな残り火があるのに気がついた。鷹山は早速新しい炭を残り火のそばに置き、火を熾すべく吹き始めた。

これが米沢藩の再生を生み出す「改革の火種」である（童門、前掲書、101-106頁）。家臣にそのことを伝え、自らも含めて改革の火種になることを誓い合ったという。

鷹山は、「どんなに冷え切った職場にも、必ずまだ消えていない火種がある。これを移しあうことによって、灰のような職場も活性化する。そして火種はあなた自身だ」と説いた。家臣それぞれが改革の火種となって新しい炭（藩士・藩民）に火をつけて、新しい火を熾し、その輪が広がることを期待した。

鷹山の決意は、家臣や農民を大切にしたいとの思いからのことが多い。たとえば、駕籠かきらの疲労を思いやり、大沢宿からは乗馬のまま城下に入ったが、城主が駕籠ではなく馬で入国するなど、当時の常識では考えられることではなかった。

これらの行動が家臣の心をつかんだ。リーダー自らが改革の火種となって、新たな行動を提案し、実践することで、組織の一体感を醸成したのである。「一汁一菜」という質素な食事で財政改革を訴え、自らが「改革の火種」となって家臣や農民とともに藩の立て直しに邁進した。いわゆる経営改革の断行である。

(3) 倫理観を醸成した「学問」

●鷹山に影響を与えた、竹俣当綱と藁科松柏

鷹山が改革にあたって重視した学問のうち、倫理観の醸成に多大な貢献を果たした人物の一人に、竹俣当綱(以下、竹俣)がいる(小関、前掲書、27頁)。竹俣は1761(宝暦11)年から江戸家老で、当時14歳であった鷹山に「家臣を大事にするのが治国の始め」「家臣の志を頼みにせよ」など、家臣との関係重視を説いた。一方で、人を愛することが窮民を救い万民を恵む「仁政」の根源として「万民を統治し、国政にあたることが天より受け継いだ職分」であるとも教えた。

竹俣は「仁政」とともに、治国の基本である君徳のもとは儒学の経典にあるとして、学問の重要性も指摘していた。その竹俣が「師とし友とし無二の志を結び…」として尊敬していた数人の人物の存在があったが、その中の一人に、米沢藩の藩医であった藁科松柏がいた(小関、前掲書、28-29頁)。

藁科松柏は、1759(宝暦9)年に藩主・上杉重定の侍医となり、その後鷹山の侍医に転じたが、学者としても著名であった。彼は、自らの書斎・菁莪館に江戸家老であった竹俣をは

鷹山が平洲を出迎えた羽黒神社

1796（寛政8）年9月6日、平洲を鷹山が出迎えた羽黒神社。
この対面は「敬師の美談（尊敬する師匠との対談）」といわれる。

筆者撮影（2019年）

じめ、莅戸（のぞき）善政などの俊才を集め、「菁莪社中」と称して「人の人たる道」や「御国の興廃」などを議論したという。

●藩校「興譲館（こうじょうかん）」と細井平洲の招へい

その竹俣と藁科松柏らが相談して米沢に招へいしたのが、儒学者の細井平洲（以下、平洲）である。1764（明和元）年、鷹山が13歳の時に江戸の桜田邸にて初めて平洲の講釈を受講、以後指南役として教えを受け、生涯を通じて最も厚く信頼を寄せていた人物である。

平洲との出会いは、鷹山に学問へ

の道を拓けさせるとともに、その後の人生観、藩政改革に多大な影響を与えた。また、彼が学んだ『易経』、『論語』などは、家臣たちに自らが講釈を行い、広く藩内に知見を広めていった。こうした取り組みがもととなり、1771（明和8）年、藩校・興譲館として平洲らによって再興させ、藩士・農民など身分を問わず学問を学ばせた。

平洲の学問の特色は、理論と実践を一体化させた「実学」である（遠藤、2011、52-53頁）。平洲によれば、「人々の役に立たないものは、学問とは言えず、単なる高尚な趣味に過ぎない」とのことであり、藩政と改革を進めるについては、理論と実践が一体化して初めて生きた学問として有効ということであろう。

2. イノベーションで米沢藩をよみがえらせる

(1) イノベーションの本質

鷹山が藩政の立て直しを進めるについては、さまざまな視点からのイノベーション（改革）が必要であり、平洲や竹俣などからその指南を受けていた。プロローグのタイトルにある「イノベーション経営」には、技術的なイノベーションだけではなく、新しい仕組みや仕掛け、制度を創り、それを普及するといった意味があり、鷹山が実践した藩政改革も同じである。

イノベーションという言葉は、1911年にオーストリア出身のウイーン学派の直系で経済学者であるヨーゼフ・シュンペーターによって、初めて定義された（西川、1976、210–212頁）。シュンペーターはイノベーションを、「経済活動の中で財貨や生産手段、資源、労働力などをそれまでとは異なる仕方で新結合すること」と定義した。

つまり、それまでのモノ・サービス・仕組みなどに対して、まったく新しい技術や考え方を取り入れて新たな価値を創造して、社会的に大きな革新を起こすことを指す。言葉を換えれば「創造的革新」と表現することもできよう。

シュンペーターが主張する新結合とは、次のような行動を指している（シュンペーター、訳本、1951、166–167頁）。

① 新しい財貨、あるいは新しい品質の財貨の製造（プロダクト・イノベーション）
② 新しい生産方法の導入（プロセス・イノベーション）
③ 新しい販路、新市場の開拓（マーケット・イノベーション）
④ 原料あるいは半製品の新しい供給源の獲得（サプライチェーン・イノベーション）
⑤ 新しい組織の実現（オーガニゼーション・イノベーション）

という5つである（カッコ内は筆者記入）。

さらにシュンペーターは、これら新結合の実現が企業家の役割であり、これを他に先んじて導くのが企業者の機能（リーダーシップ）で、その過程が革新と呼ばれるとし、リーダーシップと革新との関係を鮮明にした。

このことはドラッカーも同じように、「企業家たるものは、イノベーションを行わなければならない。イノベーションこそ、企業家に特有の道具であり、資源に対し富を創造する新たな能力を付与するものである」と主張している（ドラッカー、訳本、1985、47頁）。

（2）イノベーションに関する5つのケース

シュンペーターが定義した前掲の5つのイノベーション理論を、現実の企業で起きたさまざまなケースをもとに紹介し、その後に鷹山が実施したイノベーションを同様の角度から検討、藩政改革との関係を明確にしてみたい。

●スリーエムの新製品『ポスト・イット・ノート』の開発（プロダクト・イノベーション）

1902年に創業したスリーエムは、シュンペーターの主張する、新しい財貨として『ポスト・イット・ノート』（以下、ポストイット）を製品化した。スリーエムの化学者だったスペンサー・シルバーは、1964年に接着剤用ポリマー（重合体）研究のプロジェクトに加入し、ポリマー作成に乗り出した。

あるとき、透明な接着剤を開発したが、粘着力が弱く、紙を貼り合わせても簡単に剥がれてしまう。強固な接着力で半永久的に貼りつくのが優れた接着剤という従来の概念からすれば、まったく不完全で製品としての価値はないに等しいものである。しかし、何度も貼り合わせの実験を繰り返すうちに、どちらか一方の紙には接着剤が残る特殊な性質があることを発見した。

この特殊な性質は、従来の接着剤にはない新しい発見であることから、当初のプロジェクトが解散したのちも、彼は研究を継続し、最終的には特許も取得。「ピンを使用しない掲示板」として製品化し、現在のポストイットが完成したのである。このように新しい発見を活かして製品化した取り組みは、第一のプロダクト・イノベーションということができる。

●ダイセル式生産革新と「ＫＡＩＺＥＮ（改善）活動」（プロセス・イノベーション）

セルロイド会社８社が合併し、大日本セルロイド株式会社が１９１９（大正８）年に誕生。２０１９（令和元）年には創立１００周年を迎えた株式会社ダイセルだが、創業前史まで含めると１１１年の歴史をもつ会社である。同社には化学産業の枠組みにとどまらず、化学を基盤として常に新しいものを求めて独自技術やノウハウを追求するという「イノベーションの遺伝子」がある。

セルロイドに続く第二のビジネスとして、写真フィルムの事業化（現在の富士フイルム株式会社の前身）を目指したのも、イノベーションの歴史を飾る一ページとなっている。ここでは、ダイセル式生産革新についてシュンペーターのプロセス・イノベーションの視点から考えてみたい。

同社には絶え間なく新しいものを求める伝統があり、姫路の網干（あぼし）工場では若手の自主勉強会に始まった「Ｆｏｒｗａｒｄ会」が母体となり、部長会から組織全体に伝播し、日本でも有名になった「ミエル」「ヤメル」「カワル」で有名な「ダイセル式生産革新」を生み出した。また、２０１７（平成29）年4月には、イノベーションの本丸的存在として、総合研究所と姫路技術本社を「イノベーション・パーク」として集約、新棟「アイ・キューブ（ｉＣｕｂｅ）」を建設しオープンさせている。

ダイセルの生産革新から学ぶことは、本社も含め全国の工場や研究所で改善活動として伝承してきたことである。現在もイノベーションの源泉ともなるモノづくりの現場を含めて、全社で「気づき、考え、行動する」をテーマに「ＫＡＩＺＥＮ（改善）活動」として継続され、２０１８（平成30）年4月にはその発表会を開催している。

●シンプル&エコロジーの新しい市場を創造した「無印良品」（マーケット・イノベーション）

１９８０（昭和55）年12月に合同会社西友のプライベート・ブランドとして誕生した「無印良品」は、シンプル&エコロジーという消費者の価値観をとらえて新市場を創造してきたが、これはシュンペーターの提起したマーケット・イノベーションにつながる。

１９８３（昭和58）年、青山に1号店をオープン。今ではプライベート・ブランドの領域を超えて、日本国内では４５８店、海外27か国５１７店、世界合計９７５店舗（２０１９年2月期）を有するナショナル・ブランドとして今日に至っている。

こうしたコンセプトをもとに、食品においても、純で廉価なおいしい食品を開発の基本に据えた。一例を挙げれば、フリーズドライのインスタントコーヒーでは、いわゆる「わけあり商品」を「粒の壊れを防ぐ工程を省き、粒は不揃いですが風味は上々です」としてアピールするなど、不揃いな素材であっても商品そのものの品質を生かしていることを訴求している。

当初の開発コンセプトは「わけあって、安い」で、商品本来の品質を追求することを最優先し、あらゆる無駄を排除することで、ノーブランド商品ではなし得なかった価格と品質を両立させた。

無印良品の事例から学ぶべきは、いつも時代の流れを把握し、消費者の価値観やライフスタイルの常に一歩先を行くコンセプトで、ブランドのリフレッシュを心がけながら新市場を創造し続けるイノベーションを実践していることだ。この姿勢は、生活文化産業を目指す企業にとって、「魅力ある商品によるブランド価値」を通じて新市場を創造するヒントとなるだろう。

●石油資源の新しい供給源を開発した「赤道ギニアLNGプロジェクト」（サプライチェーン・イノベーション）

グローバル化が進展するなか、ビジネスとして海外進出する際には、行政も含めて現地のコミュニティや国家との連携もイノベーションには重要となる。現地のインフラ整備、地域社会の経済発展につながることが新しいビジネスを成功させる一つの要因となるからだ。

ここでは、三井物産株式会社が石油資源の新しい供給源を開発する目的で2005（平成17）年から参画した「赤道ギニアLNGプロジェクト」について、シュンペーターの提起したサプライチェーン・イノベーションの視点から、現地地域との連携事例を考える。

このプロジェクトは、米国の石油ガス開発会社であるマラソン・オイル社と、赤道ギニア国国営石油会社であるコンパーニア・ナシオナール・デ・ペトロレオス・デ・ギニア・エクアトリアール社との間で進めてきた事業に、日本の三井物産と丸紅株式会社が参画したものである。

天然資源の開発は採掘で終わるのではなく、途上国であれば先進国に輸出することで新規ビジネスが誕生する。石油は海底油田で採掘され、パイプラインで需要国へ運ばれる。一方、石油採掘時に発生する天然ガスは、プラントで液化されタンカーなどで先進国へ輸送される。

いずれもガスや石油の輸送には、現地の港湾や道路、鉄道などのインフラ整備が必要で、現地社会への貢献が企業の社会的責任として石油開発事業には不可欠である。三井物産と丸紅はこうした点で新しいサプライチェーンを確保、現地への貢献を促進し成功に導いた。

●資生堂のイノベーションを生みだす「文化遺伝子（ミーム）」（オーガニゼーション・イノベーション）

株式会社資生堂には、組織イノベーションを創出する「文化遺伝子（ミーム）」がある。ミームとは、オックスフォード大学のリチャード・ドーキンスという有名な生物学者による造語だ。集英社の『ｉｍｉｄａｓ（イミダス）』によれば、「文化の情報をもち、模倣を通じて人の脳から脳へ伝達・増殖する仮想の遺伝子」と定義されている。

１８７２（明治５）年、東京の銀座に調剤薬局として創業した資生堂は、一貫してデザインや文化・芸術を大切に守りながら、商品やサービス、宣伝・広報活動にも生かしてきた。１９１６（大正５）年には、組織イノベーションで新しい組織を生みだし、当時ではまれな「意匠部」を設置し、デザイナーやクリエーターたちの夢や希望を育み、アール・デコ様式をとり入れながら、「資生堂スタイル」を完成させたほどだ。

また最近では、2019(平成31)年4月に横浜のみなとみらい地区に、「資生堂グローバルイノベーションセンター(S/PARK:エスパーク)」をオープンさせ、研究開発の組織イノベーションを実現させた。同社の広報資料によれば、S/PARKは「あらたなイノベーションを創出していくために、顧客や外部の研究機関と接点を持ち、外部の「知」を取り組むことも目指している」とのことだ。このように新たな「知」の創造と融合にも注力し、新しい組織イノベーションを生みだす多様な文化遺伝子を育んでいる。

シュンペーターのイノベーションについて、これまでの事例をもとに表でまとめると以下のようになる(図表プロ-1)。

(3) 鷹山の藩政改革(イノベーション)

シュンペーターは、「新結合の実現が企業家の役割であり、これを他に先んじて導くのが企業者の機能(リーダーシップ)で、その過程が革新と呼ばれる」と主張していた。

このことから鷹山の取り組んだ藩政改革は、藩を一企業と見立て、鷹山を企業者として見れば、まさにイノベーション、すなわち革新そのものといえよう。具体的には、鷹山の藩政改革

図表プロ-1　シュンペーターのイノベーション

シュンペーターのイノベーション（キーワード）	企業の取り組み事例	鷹山のイノベーション活動
①　プロダクト	スリーエムの新製品開発「ポストイット」	漆・桑・コウゾの植立てなど新しい殖産政策
②　プロセス	ダイセル式生産革命と「KAIZEN（改善）活動」	青苧を原料にした奈良晒、越後縮を経て米沢織の開発
③　マーケット（市場）	無印良品の新市場創造「シンプル＆エコロジー」	「御国産所」の再興を通じた新市場の開拓
④　サプライチェーン	「赤道ギニアLNGプロジェクト」の石油資源開発	塩の新しい供給市場を発掘
⑤　オーガニゼーション（組織）	資生堂の「文化遺伝子（ミーム）」による組織改革	農村・商業改革による組織の立て直し

出所：筆者作成

における5つのイノベーションは、次のように分析することができる。しかもその多くは最初に述べた「入るをはかる」殖産興業に結びつくことが多いのが特徴である。

●漆・桑・コウゾの植立てなど新しい殖産政策（プロダクト・イノベーション）

鷹山が取り組んだ新しい財貨、あるいは新しい品質の財貨の製造によるプロダクト・イノベーションは、漆・桑・コウゾそれぞれ100万本の植立て事業として新しい殖産政策が基本となった（小関、前掲書、45-46頁）。

これによって「領地を隅々まで利用し尽くす」ことで、米沢藩が15万石に減封される以前の30万石を再現させ、領内の生産を増すということであった。その「地の利を尽くす」という構想を実現するために、城内二の丸東長屋に漆方・桑方・コウゾ方の樹芸役場まで設置し、藩を挙げて取り組んだほどである。

鷹山ゆかりの桑樹
鷹山が自らの台所仕切り料を節約して桑の苗木を買い、領内の希望者に配布したとされる。
筆者撮影（2019年）

●青苧(あおそ)を原料にした奈良晒(さらし)、越後縮(ちぢみ)を経て米沢織の開発(プロセス・イノベーション)

次にプロセス・イノベーションは、漆と並び米沢藩の財政を支えていた青苧を活用した奈良晒から越後縮へ製品化プロセスを変えたことである。さらには越後の小千谷から縮師を招き縮役場まで設置し、併せて藍染物役場も設置して、単価の高い麻織物に変更することで付加価値を与え、縮織の生産・出荷体制を整えた。だが、その努力はなかなか結実せず、米沢産の麻織物の品質は向上しなかったが、試行錯誤のプロセスを繰り返すなか、ついに高級絹織物の「米沢織」の開発でイノベーションが実現した(遠藤、前掲書、114-115頁)。

●「御国産所」の再興を通じた新市場の開拓(マーケット・イノベーション)

鷹山が行った藩政改革の一つに「御国産所」を再興し、金銭御用掛役・国産取締役を置いたことがある。蚕桑役局の設置、桑苗木の配給などを進め、『養蚕手引』の発行など養蚕を中心とした殖産政策で、米沢藩の農業市場を積極的に開拓した(小関、前掲書、71-72頁)。また、相馬焼に学び「成島(なるしま)焼」を興した焼き物市場の開拓や、「深山和紙」から御用紙の製造を行うなど、国産の製品による新しいマーケットの創造で「入るをはかる」に注力した。

●温泉成分から、塩の新しい供給市場を発掘（サプライチェーン・イノベーション）

人間が生きていくには塩が必要なことは論を待たない。しかし米沢藩は、平地と山に囲まれた地域であり、海をもたない。そこで考えだしたのが米沢領内の小野川地域に豊富に湧き出る温泉（現在の小野川温泉）に着目し、その成分である含硫黄ナトリウムカルシウム塩化物を精製して塩を製造しようとした。小野川村に製塩所を開設し、温泉成分という塩の素となる新しい供給先を開拓して、イノベーションを図った（遠藤、前掲書、107-108頁）。

●農村・商業改革による組織の立て直し（オーガニゼーション・イノベーション）

イノベーションの実践には、担当する組織の改革がカギとなることから、鷹山はこのことに着目した。たとえば、農村改革では江戸時代に崩壊しつつあった相互扶助の精神で「五人組制度（農民伍什（ごじゅう）組合）」を復活させ、農民を五人組・十人組・一村・組合村というような重層的編成で強固な相互扶助体制を構築した。商業政策も、商人への貸付金の取り立て猶予（7年間）制度や藍の藩外出荷、自給自足政策案の「樹畜建議（じゅちくけんぎ）」を示した。前述の「御国産所」の設置による領内特産物の管理・育成に取り組んだことも、組織イノベーションの一つである（遠藤、前掲書、147-150頁）。

なお、これまで述べたイノベーションの推進には鷹山のリーダーシップがどのように実践され、藩政改革に結びつけたか、この点についても重要なポイントがある。

鷹山の人生観には、「君主としては〝仁〟をモットーとし、師に対しては〝礼〟を重んじる、親に対しては〝孝〟」が根底にあった（奈良本・綱淵、1976、26-42頁）。

この人生観が、藩主として藩を指導する場合に「自分が農民と同じ苦しみを味わっているということを農民に示す」ことにもつながり、リーダーとフォロワーの強い絆・信頼関係を生み、米沢藩を救ったのである。11代将軍徳川家斉が、鷹山隠居の2年後にかの莅戸善政を称賛したことがそのことを示している。

なお、鷹山のリーダーシップについての詳細は第2章にて述べるので、ここでは省略する。

（水尾順一）

【第1章】鷹山の生い立ち

１．鷹山の生まれと米沢藩上杉家

（1）鷹山の活躍した米沢

「米沢の味のＡＢＣは何でしょうか？」

上杉神社など、上杉鷹山（以下、鷹山）ゆかりの場所を案内していただいた「おしょうしな（米沢方言の「ありがとう」）ガイド」の方から質問があった。

Ａはりんご（Ａｐｐｌｅ）、Ｂは米沢牛（Ｂｅｅｆ）と簡単に思い浮かぶ。Ｃは、何だろう。サクランボやキャベツ、にんじん、セロリ、キュウリなどいろいろ浮かんでくる。正解は、米沢鯉（Ｃａｒｐ）である。

江戸時代に米沢藩の藩庁の置かれていた米沢城は、松岬（まつがさき）城、あるいは舞鶴城とも称された。鎌倉時代に長井氏が築城し、室町時代には伊達氏の本拠地になったものの、江戸時代に上杉氏が転封された。この城は１８７３（明治６）年に取り壊され、本丸と二の丸の一部が松（まつ）が岬（さき）公

上杉神社にある鷹山の銅像

筆者撮影（2019年）

園として市民に開放されている。濠内には上杉鷹山像をはじめ、上杉神社や稽照殿（宝物殿）、上杉謙信像などがある。この松が岬公園の濠には、たくさんの鯉が泳いでいる。訪れた学生などがエサを与え、今も元気に育っている。

江戸時代、鯉は長野県や福島県、新潟県などの名産品であった。米沢では、鷹山が領民のタンパク質不足を補うため、米沢城の濠で鯉を育てたことに始まる。

（2）高鍋藩と鷹山誕生

現在の東京都港区にある麻布高校の場所には、江戸時代、日向国（現在の宮崎県）の高鍋藩の江戸藩邸があった。高鍋藩は、豊臣秀吉の九州征伐の後の1604（慶長9）年、筑前国（現在の福岡県）から移封された秋月種長(たねなが)を初代藩主とする。

高鍋藩で注目すべき人材育成・発掘方法の一つに「存寄(ぞんじより)」があった。これは、17世紀後半、3代藩主・種信の時代、先代・種春の時に起こった家老親子による専横を阻止するため、上級藩士はもとより、下級役人から庄屋まで、それぞれの立場から藩政に対して意見や対策を主張できる下意上達の体制を指す。

5代藩主・種美(たねみ)（1718―1787）は、「国家の至宝は人材に有り」と述べ、「存寄」を生かし、人格ある学者を代官に起用した。また、藩士の子弟に遊学費を支給して文武を奨励した。こうして秋月家の全盛期を築き上げた明君となった。

本書の主人公・鷹山は、1751（宝暦元）年7月20日、高鍋藩の江戸藩邸にて、5代種美を父、秋月藩の娘・春姫を母に、次男（第四子）として生まれる（**図表1－1参照**）。幼名は松三郎で、続いて直松と改めた。春姫は、上杉綱憲(つなのり)の娘・豊姫を母とする。このため、綱憲からすれば、鷹山はひ孫にあたる。

鷹山の7歳年上の兄・種茂(たねしげ)は、1760（宝暦10）年、17歳で高鍋藩の家督を継いだ。種茂

図表1-1　上杉鷹山の年表

年号	年齢	できごと	日本の動き
１７５１（宝暦元）	0歳	7月20日、秋月家の江戸一本松邸にて、日向高鍋藩主・秋月種美と母・春姫の次男として生まれる。幼名は松三郎、直松。	享保の大飢饉（１７３２年）石田梅岩が『都鄙問答』を刊行（１７３９年）。
１７６０（宝暦10）	9歳	米沢第8代藩主・上杉重定の養子となり、上杉家の江戸桜田邸に移る。勝興と改名。	徳川家治が江戸幕府第10代征夷大将軍となる（１７６０年）。
１７６４（明和元）	13歳	桜田邸にて細井平洲の講義を受ける。	
１７６６（明和３）	14歳	元服し、従四位下弾正大弼を任ぜられ、治憲と改名。	
１７６７（明和４）	15歳	上杉家の家督を相続し、第9代藩主となる。米沢の春日社と白子神社に誓詞を奉納。	田沼意次が側用人となる（１７６７年）
１７６９（明和６）	18歳	重定の次女・幸姫と結婚。米沢にはじめて入る。	
１７７０（明和７）	18歳	第4代藩主・上杉綱憲の六男・勝延の娘・お豊を側室にする。	
１７７１（明和８）	19歳	細井平洲が米沢に下向し、藩士に講義を行う。	

1772（安永元）	20歳	籍田の礼を行う。	田沼意次が老中となる。江戸・明和の大火（1772年）
1773（安永2）	21歳	七家騒動	杉田玄白が『解体新書』を刊行（1774年）。
1775（安永4）	24歳	藩の財政状況をまとめた『会計一円帳』を全家臣に公開する。	
1776（安永5）	24歳	お豊との間に第1子直丸（後の顕孝）が生まれる。	
1782（天明2）	30歳	正室・幸姫が死去。	天明の大飢饉（1782-88年）浅間山噴火（1783年）
1785（天明5）	33歳	治広に伝国之辞を送り、家督を相続させ、隠居。	田沼意次が罷免される（1786年）
1787（天明7）	36歳	実父・秋月種実が死去。	徳川家斉が江戸幕府第11代征夷大将軍となる（1787年）。松平定信が老中となる（1787年）。二宮尊徳が誕生（1787年）。寛政の改革（1787-93年）
1796（寛政8）	45歳	細井平洲を米沢郊外にて出迎え、普門院で休憩。	

年号	年齢	できごと	日本の動き
1798（寛政10）	46歳	養父・上杉重定が死去。	
1802（享和2）	51歳	鷹山と改名。飢饉救済の手引き書『かてもの』作成し、藩民に配布。	江戸・丙寅の大火（1806年）
1812（文化9）	61歳	治広が隠居し、斉定が家督を相続。	
1821（文政4）	70歳	側室・お豊が死去。	
1822（文政5）	70歳	3月12日、老衰のため満70歳にて死去。	天保の大飢饉（1833-39年）

出所：『人物叢書　上杉鷹山』『完全版　上杉鷹山』などにもとづき筆者作成。

は、学問を奨励したり、飢饉や疫病に対応したりなど、仁政を施した藩主として知られている。種美と同様、藩政改革のために優秀な人材を育成し登用することに積極的に取り組んだ。

また、「存寄」による意見にもとづき、1778（安永7）年に藩校「明倫堂」を創立した。ここで、幅広い世代にわたって農民、商人、武士などの身分に関係なく熱心な教育が行われた。種茂は、高鍋藩を大きく発展させ、「中興の名君」と謳われた。

こうした高鍋藩の中で、江戸藩邸にいた鷹山は、学び、育っていった。

（3）上杉家と鷹山の養子縁組

鷹山の祖母・豊姫の実家である上杉家では、3代目の綱勝が死去した際、後継が決まっていなかった。この時、綱勝の姉・富子の子・綱憲が養子となり、何とか米沢藩の断絶を免れた。これにより、景勝の時代に120万石あった所領は、プロローグでも記したように、15万石まで減封されていた。ちなみにこの富子は、忠臣蔵でお馴染みの吉良上野介（こうずけのすけ）の正室である（図表1－2参照）。

4代綱憲になると、財政がひっ迫しているにもかかわらず、吉良家への援助をしたり、豪華な参勤交代を継続したり、能楽を楽しんだりなど、大きな出費が増えていった。また、学問を奨励し、1697（元禄10）年には、興譲館（こうじょうかん）の前身となる聖堂・学問所を設立した。このため、米沢藩の財政は一層困窮していく。

綱憲の後には、吉憲が5代藩主となる。この間、江戸城の半蔵門や清水門の普請を命じられ、加えて、弟の勝周（かつちか）に米沢新田藩1万石を分与、独立させ、財政悪化を加速させてしまう。

さらに、吉憲の後、6代宗憲（むねのり）、7代宗房（むねふさ）、8代重定と3人の兄弟が続いて藩主となった。この間、財政再建に取り組みつつも、江戸普請もあって抜本的な解決には至らず、財政悪化は継

図表1-2　米沢上杉家の系図

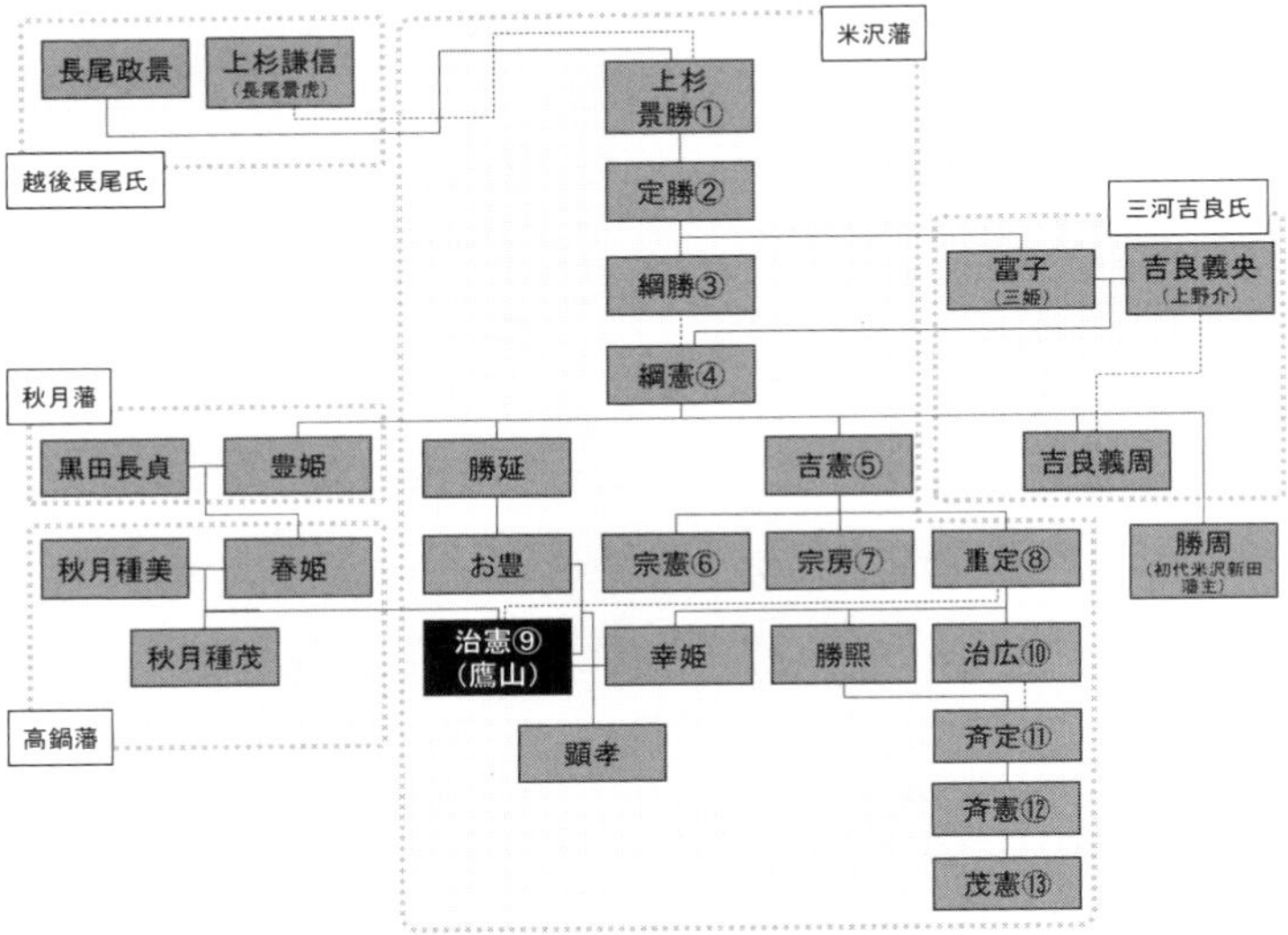

出所：『人物叢書　上杉鷹山』などにもとづき筆者作成。

続していた。加えて、財政悪化の中での給与削減などもあって、家臣の反感も高まり、財政再建の目途は立たない状況にあった。当時の借金は16万両にまで膨らんでいた。

ここで、1石は、大人一人が1年間に食べる米の量に相当する。石高制は、土地の標準的な米の収穫量、石高を基準として組み立てられた江戸時代の封建制度である。鷹山が藩主となった1760年代の米沢藩の人口は10万人程度であった。所領15万石の中で10万人を支えなければならない米沢藩の財政再建の難しさを容易に想像できよう。

財政危機にあった米沢藩では、重定

から信頼の厚かった郡代・森平右衛門を登用し、財政再建や農村復興に向け、さまざまな改革が試みられた。具体的には、町人・農民に人別銭を課したり、藩士の副業に税を課したり、豪商・豪農を武士に取り立てたり、商人を財政顧問に招いたりした。ただし、１７５７（宝暦７）年には、奉行の平林正相を罷免したり、幕府へ米沢藩返上を進言した竹俣当綱（１７２９―１７９３、以下、竹俣）の所領を削減したり、森の一族を重用したり、といったことで他の重臣から反発を招いていた。

これに対し、プロローグでも記したように、米沢藩の藩医で儒学者でもあった藁科松柏（１７３７―１７６９）は、家塾「菁莪館」を開く。ここでは、竹俣、莅戸善政、神保綱忠などが儒学を学ぶとともに、森平右衛門による専権的な改革に反発し、新しい体制による政治を考えるようになっていた。

この頃の8代藩主・重定は、結婚後しばらく男子を授からなかった。加えて、15万石まで減封された厳しい財政状況もあり、藩存続のために後継を幕府に早めに知らせておく必要があった。そこで、１７５９（宝暦9）年、綱憲の子・豊姫が嫁いで縁戚関係にあった九州の秋月氏から、重定の従甥（じゅうせい、いとこおい）にあたる鷹山を上杉家の世子として養子に迎えることになった。

上杉家の養子に決まった鷹山に対し、秋月家の家臣・三好善太夫（１７０４―１７６０）

は、「三好善太夫重道言上書」の訓戒書を贈る。これには、学問第一を心がけ、藩主として自ら判断できるように修業することを記している。

翌1760（宝暦10）年、鷹山は上杉家の養子となる。そして、名を勝興（かつおき）、通称を直丸に改めた。麻布の高鍋藩江戸藩邸から桜田門外にあった上杉家江戸藩邸に移る鷹山に対し、三好善太夫は、2度目の訓戒書「奉 贐 書（はなむけたてまつるしょ）」を贈った。これは5か条からなっている。第3条には、「其の御家の御式法、小事たりとも御違犯なされるまじく候。お大臣は御國の柱、必ず御用い成され、小臣といえども異見を申し候者、必ず御悦び、御受入れ成さるべく候。諫（いさ）めを納（い）る事は人君の美徳にて、諫めを申し候臣は戦場の一番槍の功より増（まさ）ると、やんごとなき御方の仰せられし事、かねがね御覚悟成さるべく候事」とある。この「諫」とは、上下いずれの家臣からの意見も聞くことを意味する。鷹山に対し、高鍋藩で実践してきた「存寄」の重要性を諭していたとわかる。

2. 米沢藩主就任と明和・安永の改革

(1) 細井平洲（へいしゅう）との出会い

前述した菁莪館の藁科松柏は、江戸で細井平洲（1728―1801、以下、平洲）の辻講釈を聞き、深く感銘を受けた。これが機縁となって、藁科松柏と竹俣らは、鷹山に対し、学問の大切さを教えるなかで、平洲の米沢藩への招へいを提案する。ただし、藩主の重定が学問に関心が低かったこともあり、まず1761（宝暦11）年、上杉家の江戸藩邸に平洲を招き、重定に対する『大学』等の講義を実施した。その後、1764（明和元）年、鷹山への講義を実施した。平洲は、藩主としての心構えである君主道などを説いていく。

平洲は、尾張国の農家に生まれ、京都や長崎で学問を深めた。こうして学問を積み重ねるなかで、学問によって社会に役立つことを志すようになる。そして24歳頃、江戸に出て私塾・嚶鳴館(おうめいかん)を開設し、朱子学、陽明学などの諸説を取り入れた折衷学派の儒学者として、学問に携わっていく。

平洲の著書には、『詩経古伝(しぎょうこでん)』『嚶鳴館遺草(おうめいかんいそう)』などがある。『嚶鳴館遺草』には、「直(すぐ)なる木をたてて正しき影を求めんとすれども、日月の光なくしては影はささぬものなり」などの格言がある。

なお、この書も含めた平洲の学問については、第7章で改めて紹介する。

（2）藩主就任

1763（宝暦13）年、藁科松柏や竹俣らは、他の重臣層の支持もあり、米沢城内でそれまでの改革を主導してきた森平右衛門を暗殺する。菁莪社中によるクーデターである。ただし、森平右衛門殺害後も、重定の下、竹俣が奉行に昇進などしたものの、それまでの体制と大きな変化はなかった。

この後、鷹山は、1766（明和3）年に元服し、従四位四品の位を授けられ、名を勝興から治憲（はるのり）と改める。そして、竹俣ら改革派は、重定に対し藩主隠退を勧告した。これにより、1767（明和4）年4月24日、鷹山は、満15歳で上杉家を継ぎ、弾正大弼（だんじょうだいひつ）として藩主となった。

藩主となった鷹山は、財政危機を乗り切るため、すぐに奉行・竹俣を中核に、側近である莅戸善政や佐藤文四郎らを登用する。そして、藩政の立て直しに向けて倹約を推進するとともに、農地改革や産業改革などに取り組んでいく。

財政再建にあたり、米沢では、特に農村で人口が流出・減少し、荒廃していた。当時、米沢藩は日本で最も貧乏な藩ともいわれていた。これに対し、まず、プロローグでも紹介した参勤交代の大名行列の人数削減などを含む「大倹令」を布達した。これにより、すべての家臣、領民が一体となって無駄を省き、倹約に努めることを訴える。

この決意を表明するように、1767（明和4）年、プロローグで紹介した「民の父母」の和歌を詠んだ。また、鷹山は、江戸から米沢に使者を派遣し、同年8月、春日山林泉寺の春日

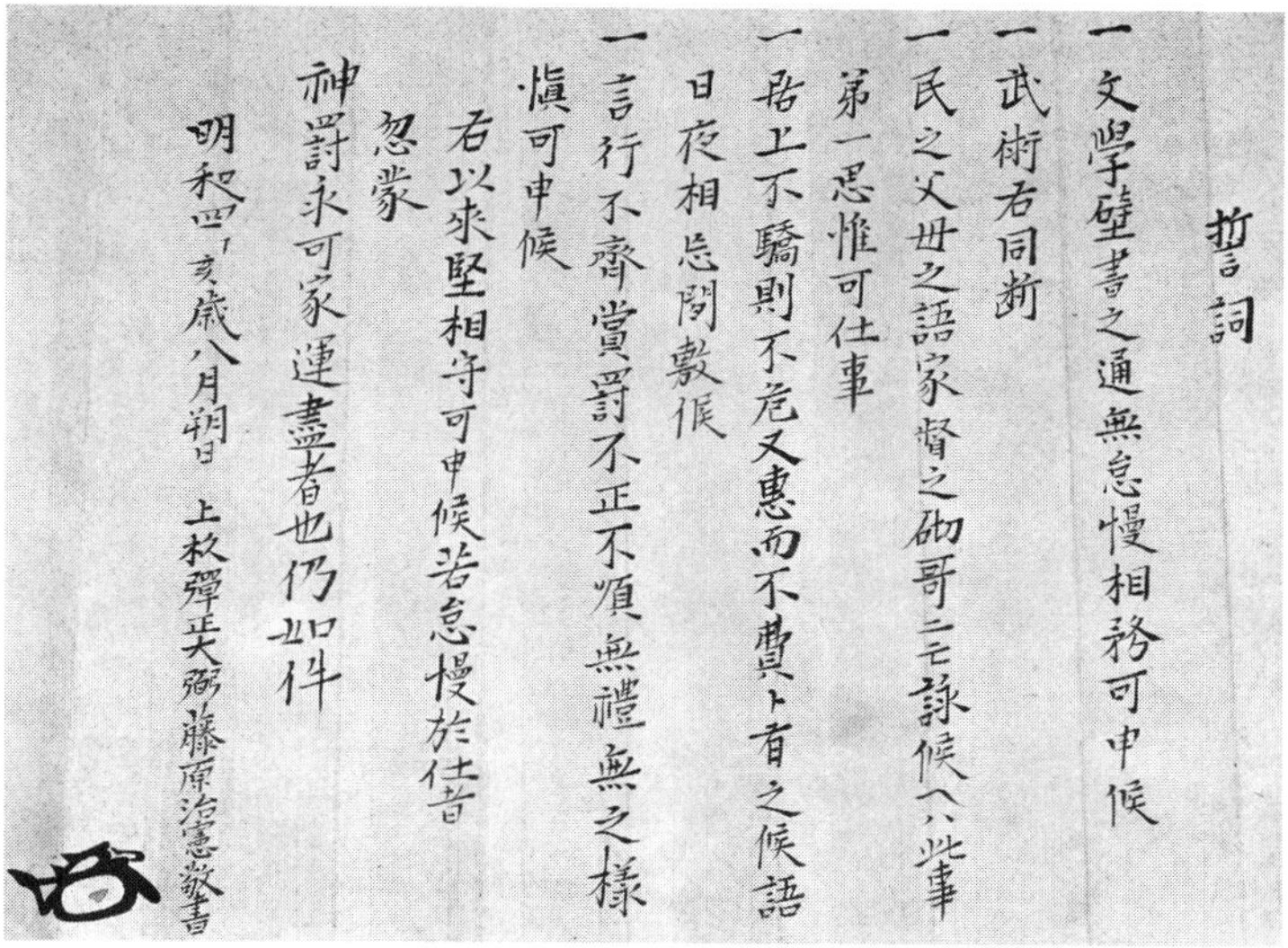

誓詞
一　文學壁書之通無怠慢相務可申候
一　武術右同斷
一　民之父母之語家督之砌哥ニモ詠候ヘハ此事
第一思惟可仕事
一　居上不驕則不危又恵而不費ト有之候語
日夜相忘間敷候
一　言行不齊賞罰不正不順無禮無之様
愼可申候
右以來堅相守可申候若怠慢於仕者
忽蒙
神罰永可家運盡者也仍如件
明和四丁亥歳八月朔日　上杉彈正大弼藤原治憲敬書

上杉鷹山誓詞

出所：上杉神社所蔵

社に、学問・武芸に励むことや、行動や賞罰に不正のないことなどを誓った誓詞を奉納した。

また、同年９月には、白子神社に以下の誓文を納めた。

「連年、国家衰微し、民人相泥み候あいだ、大倹相行い、中興したく願うところに仕り候。決断若し相怠るに於いては、忽神罰を蒙るべきもの也」（年々、上杉家の領国は衰微し、人民も苦しんでいるので、大倹約を行い、再興したいと願っております。この決意について、もし怠るようなことがあれば、すぐに神罰を与えてください）

大倹令の公布にあたり、プロローグで紹介したように鷹山自身も倹約に取り組む。年間経費を重定の７分の１に削減し、一汁一菜の食事、木綿の衣服の着用など、質素なものとした。

米沢藩主となった鷹山は、１７６９（明和６）年の18歳の時、上杉家の養子となる前提であった16歳の幸姫（よしひめ）と結婚する。ただし、幸姫は、知的障害と発育障害があり、子供を産めない小さな体であったという。この幸姫に対し、鷹山は、江戸に来た際には愛情を込めて人形遊びやままごとなどの相手をした。正室の幸姫は、生涯を米沢藩の江戸藩邸で過ごし、１７８２（天明２）年、鷹山が31歳の時に亡くなっている。

また、鷹山は、１７８７（天明７）年に父・秋月種美と養父・重定が病気になった際には、誠心誠意、看病にあたったという。こうして鷹山は、「民の父母」で君主道を実践するだけにとどまらず、人の道そのものを実践していった。鷹山の君主道、藩政改革、そしてイノベーションは、人の道があって、多くの家臣、領民からの賛同を得て実践できたとも考えられる。

１７６９（明和６）年、鷹山は、藩主として初めて米沢に入る。この際、鷹山の師となっていた平洲は、「勇なるかな勇なるかな、勇にあらずして何をもって行わんや」（何をするにも勇気が必要）という言葉を彼に贈ったという。

米沢に入った鷹山は、１７７０（明和７）年、４代綱憲の六男・勝延の娘・お豊を側室とし、人生の伴侶を得る。その後、お豊との間には、第１子直丸（後の顕孝（あきたか））と第２子寛之助

（早世）という2人の子供を授かっている。

鷹山は、１７７１（明和８）年、平洲に対し10人扶持を贈り、米沢藩江戸藩邸の文学師範を依頼した。この年、鷹山は、藩学再興のため平洲を米沢に招いた。そして、１６９７（元禄10）年に綱憲によって建立された学問所を再興し、平洲による講義を行う。

この後、平洲は、１７７６（安永５）年と１７９６（寛政８）年にも米沢に下向し、講義を行っている。１７７６（安永５）年の下向では、再興された学問所は、平洲により「興譲館」と命名された。興譲館の提学（ていがく）（助教）には、藁科松柏の勧めで平洲に師事していた神保綱忠がなった。神保綱忠は、１７９６（寛政８）年に大目付の上位である督学（とくがく）（学長）となった。その後誕生した興譲館高校は、日本で最古の公立高校となっている。また、１７９６（寛政８）年の下向では、プロローグで紹介したように鷹山自ら米沢郊外まで69歳になった平洲を羽黒神社に出迎え、普門院（ふもんいん）で旧交を温めた。

なお、平洲は、１７８０（安永９）年に故郷の尾張藩の教師にも迎えられた。そして、尾張藩の藩校「明倫堂」の校長になっている。

（3）明和・安永の改革と七家（しちけ）騒動

１７７１（明和８）年になると、春先から雨が少なく、前年に続いての干ばつとなり、農作物への被害が心配された。藩では領内の寺社に雨乞いの祈祷を命じたものの、雨は降らなかった。そこで鷹山は自ら愛宕山に登り、愛宕神社にて雨乞いの祈祷を行った。すると、昼頃から雨が降り始め、農民らは大いに喜び、鷹山に感謝したという。

また、1772（安永元）年には、中国の周や漢での天子深耕の制度にならい「籍田の礼」を行っている。これは、農耕が政治の中心であることを示す儀式となった。ここでは、儀式を行う耕作地に鷹山自らが出向き、鷹山や重臣らがこの土地を耕した。これにより、家臣は労働奉仕の意欲を奮い立たせた。そして、多くの家臣が、領内の土地の開墾作業を実施した。籍田の礼の後、鷹山は、家臣を江戸に派遣し、農業技術の習得を試みている。

財政改革に向けて、鷹山は、過去一年間の収支状況を記録した『会計一円帳』に着目した。それまで勘定方など一部の役人しか閲覧できなかったものを、1775（安永4）年以降、全家臣に公開した。これにより、家臣が藩の財政状況を自分自身で確認できるようになった。その結果、一人一人の経費削減、収支改善への工夫を促すことにもつながったようだ。

さらに、鷹山は、竹俣の推挙を受け、和算を得意とした黒井忠寄（1747―1799）を勘定頭に抜てきした。黒井忠寄は、藩会計帳の作成、水田の生産力を高める用水路築造など、さまざまな財政経済の立て直しの方策を提言する。後述する寛政、文化・文政の改革、土木工事事業でも活躍していく。

これまで紹介した鷹山のさまざまな改革に対しては、大きな変化を伴うことから、藩内で反発も生まれていた。そして、儒学者で藩医でもあった藁科立沢（わらしなりゅうたく）の教唆を受け、1773（安永2）年、奉行の千坂高敦（ちさかたかあつ）と色部照長（てるなが）、江戸家老の須田満主（みつたけ）、侍頭の長尾景明（かげあき）、清野祐秀（すけひで）、芋川延親（のぶちか）、平林正在（まさあり）という藩の重役7人による「七家騒動」が起こる。彼らは、鷹山に対し、以下の内容からなる45か条の訴状を提出した。

①　鷹山の賞罰の不明確さや、政策への批判。

②　竹俣が他の重臣を無視し、莅戸善政、木村高広などの藩主側近とともに改革政治を専断することは森平右衛門と同じ出頭人政治として批判。

③　竹俣の人物、竹俣と平洲や地方商人との関係を批判。

④　改革政治自体が国害。仙台藩や会津藩の出頭人政治失敗と古法復帰による藩政立て直しの成功を踏まえ、「越後風」への回帰のために竹俣と鷹山の側近の即時退役を要求。

藩政改革の中止や竹俣一派の罷免などを求めた訴状に対し、鷹山は家臣に審議させ、これまでの政治に誤りがないことを確認した。そして、須田と芋川は切腹、残り5人の重役は隠居・閉門、領地没収（石高削減）という処分を裁決し、実施した。裏で手を引いていた藁科立沢も斬首とした。

（4）竹俣当綱の失脚

七家騒動の後、竹俣が米沢藩の改革を主導していく。財政状況の厳しい米沢藩で殖産興業などの改革を実行するためには相当の資金が必要となる。このため、竹俣は、江戸の三谷（みたに）家、酒田の本間家、越後の渡邉家など豪商との協力関係を構築した。渡邉家に対しては、1778（安永7）年、藩の苦しい実情を訴え、これまでの資金援助に感謝したうえで、さらなる資金協力を求める奉書紙を送っている。この長さは、8・3mにも及んだ。また、東北諸藩に大名貸しを行う三谷家に対しては、禄高700石の待遇を与えたうえ、蝋や青苧、絹織物の販売事業を許可した。

他方、竹俣は、一部の重臣を重用し、公費乱用による公私混同が問題視される。さらに、1782（天明2）年、謙信の命日に酒宴をしたことで不敬罪に問われ、隠居を命じられる。これに合わせ、責任を感じた莅戸善政も隠居してしまう。

竹俣の失脚後、志賀祐親（すけちか）を中心に藩政改革は継続されてきた。志賀祐親は、他から借金せずに藩内の収入に見合う歳出まで抑える超緊縮型の財政再建を目指した。しかしながら、竹俣らが殖産興業のために設立した国産物役場を廃止するなど、積極的な収入事業まで抑えてしまった。また、1782（天明2）～1788（天明8）年に「天明の大飢饉」が起こる。そのうえ、1783（天明3）年に重定の隠居所・南山館が焼失し、偕楽館を新築することになった。

さらに、1784（天明4）年には長雨が続き、冷害の心配が大きかった。これに対し、鷹山は、側室のお豊とともに春日社の謙信公御堂にこもり、断食して五穀豊穣を祈願した。また、冷害への備えとして、籾5000俵、麦2500俵という20年間分の備蓄計画を示し、備蓄を開始した。

この頃、米沢藩の藩政改革の見通しが立たない状況もあり、鷹山は、藩主を退き隠遁することを決意する。鷹山が藩主として推進した明和・安永の改革は、歳出抑制を図ったものの、イノベーションによる歳出増の成果が出ず、結果からすれば失敗であったとも見なせよう。

3. 寛政、文化・文政の改革、イノベーション

(1) 治広への家督譲渡

重定には、養子を取った後に治広や勝熙が生まれていた。藩政改革の停滞もあり、鷹山は、1785（天明5）年2月7日、満33歳の時、養父・重定の実子・治広に家督を譲り、隠居所・餐霞館に移る。

鷹山は、家督を治広に譲るにあたって、藩主の心得「伝国の辞」（図表1－3）を伝授した。

図表 1-3　伝国の辞

一、国家は
　先祖より子孫へ伝え候国
　家にして我私すべき物には
　これ無く候
（国家は先祖から子孫に伝えるところの国家であって、自分で身勝手にしてはならない）

一、人民は国家に属したる
　人民にして我私すべき物に
　はこれ無く候
（人民は国家に属している人民であって、自分で身勝手にしてはならない）

一、国家人民のために立たる
　君にて
　君の為に立たる
　国家人民にはこれ無く候
（国家と人民のために立てられている君主であって、君主のために立てられている国家や人民ではない）

右三条御遺念有間敷候事
　天明五巳年
　　二月七日
　　　　　　治　憲（花押）
　治　広　殿
　　机前

出所：小関（2016）などにもとづき筆者作成。

このとき、「為せば成る　為さねば成らぬ　何事も　成らぬは人の為さぬなりけり」という歌も伝える。これは、中国古代の歴史書『書経』の「慮（おもんばか）らずんばなんぞ獲（え）ん、為さずんばなんぞ成らん」に由来する。武田信玄（1521―1573）の「為せば成る、為さねば成らぬ成る業を、成らぬと捨つる人のはかなき」を模範にしている。

しかしながら、志賀祐親による財政改革では、その後、鷹山の隠居所の建設等もあり、一向に状況が改善していなかった。むしろ借金は増え続け、30万両まで膨れ上がっていた。加えて、家臣の暮らしは、悪しき風俗が蔓延するような状況であった。このとき、鷹山は、幕府から米沢藩政の指導にあたるように命令を受けていた。そこで鷹山は、治広の要請もあり、藩政改革を指導していくことになる。

（2）莅戸善政による改革の実践

藩政改革に再登場した鷹山は、まず莅戸善政を登用する。彼は、竹俣の失脚後、一時期隠居していたものの、１７９１（寛政３）年に中老となり、改革を先導していく。この改革では、すべての領民から意見を受け付ける「上書箱」の設置、領民休養、国産奨励などからなる47か条の改革大綱が作成された。また、莅戸善政は、16年間という長期的展望に立った財政再建計画の推進、殖産政策、農村復興などを行った。具体的には、青苧、漆に代わる産業を奨励し、後述する米沢織を始め、笹野一刀彫、深山和紙、黒鴨硯（くろがもすずり）、成島焼（なるしまやき）などを生み出すことになった。

莅戸善政により設置された「上書箱」では、身分を問わず改革への意見を求めた。ここで上がった意見にもとづき、単に養蚕で絹糸を生産するだけではなく、付加価値の高い絹織物に仕上げて販売することになった。

絹織物は「米沢織」としてブランド化され、全国に普及していく。その後、機械化や化学繊維などが導入され、米沢市内に帝国人絹株式会社（現在の帝人株式会社）が創設された。現在、米沢は、呉服と洋服の産地としても高い評価を得ている。

莅戸善政は、1791(寛政3)年、農業開発や殖産興業、商業振興の資金融資獲得のため、豪商の渡邉家に自ら出向いて協力を依頼したり、3mに及ぶ長い巻紙を送ったりした。その後、資金提供に応じてくれた渡邉家に対し、鷹山も感謝を表す詩を送っている。

また、彼は、1792(寛政4)年、衣食住、日用品の増産計画書である『樹畜建議』を作成した。この計画は、ただちに大目付・六老といった藩の中枢や担当役人に回覧された。これを見た家臣から数多くの建議が出され、米沢藩の殖産興業につながっていく。

この後、鷹山は、1792(寛政4)年、中国古来の植物・薬草学に精通した本草学者であり、松平定信からも信頼を得ていた佐藤成裕を米沢藩に招いた。彼は、米沢藩にて、薬草の採り方や製薬法を伝授するとともに、本草学の講義を行った。米沢の医学界は、この佐藤成裕の伝授した薬学によって大きく進展していく。1793(寛政5)年には、米沢藩の医学校が設立されている。鷹山は、この医学校を「好生の徳は万民に拾わし」という書経の一節から「好生堂」と命名した。

鷹山は、食糧増産に向けて領内の荒れ地を開拓するため、「施して浪費するなかれ」をモットーに、灌漑用水確保の土木工事にも取り組んだ。この土木工事には、既述の黒井忠寄を起用し、1794(寛政6)年には北条郷(現在の山形県南陽市などの地域)の水不足解消のため、最上川を堰上げた全長30ｋｍほどの水路、「黒井堰」の建設を開始し、６年間の歳月をかけて完成させた。また、水量の多い小国の玉川の水を長井・飯豊方面に流すため、１７９８（寛政10）年に「飯豊山穴堰（トンネル）」の建設を開始した。黒井は工事半ばで亡くなるが、19年後の１８１８（文政元）年に完成した。

ここで、鷹山は、イノベーションの推進にあたり、莅戸善政や黒井忠寄、既述の神保綱忠など、優れた人材を積極的に登用していたことを改めて確認できよう。

１８０１（享和元）年、鷹山は、人口流出が進む農村振興のため、５戸から10戸を一組として代表者を決めて編成し、自助・共助を行い、チームワークを発揮する仕組み「農民伍什組合」を作った。藩の方針である倹約令に協力しやすい体制とするとともに、藩内の道徳的修養の基盤を構築した。これにより、藩全体で改革を推進していく。

莅戸善政は、１８０２（享和２）年、鷹山の命を受け、飢えた人々を救済する手引書としての『かてもの』を刊行し、領民に配った。「かてもの」とは、漢字で「糧」と書き、飢饉などの食糧不足の際に食べられる植物などを意味する。

１８０２（享和２）年、鷹山は剃髪し、治憲から鷹山に改名した。この名前は米沢藩北部の白鷹山から取ったといわれる。

（３）莅戸政以による改革継続

１８０３（享和３）年、莅戸善政が死去する。その翌年の１８０４（享和４）年、彼の子・莅戸政以（まさもち）（１７６０―１８１６）が奉行、御勝手方などを継承し、10数年間にわたって藩政を担っていく。そして、１８０６（文化３）年の『養蚕手引』の刊行など、農業振興を図っていった。その結果、農業の生産性向上に伴い年貢を全納する村が大半となり、借財は大幅に減少し、藩の財政は好転していく。

それまでの改革の成果が現れつつあるなかで、鷹山の子・顕孝が17歳で早死したこともあり、１８１２（文化９）年、10代藩主治広の兄・勝熙（かつひろ）の長男の斉定（なりさだ）が11代藩主となった。斉定の時代になっても、藩政改革については、莅戸政以とともに鷹山が引き続き主導していく。

その後、１８２１（文政４）年、側室・お豊の方（浄鏡院）が80歳で死去する。お豊は、既述のように、鷹山が五穀豊穣を祈って断食した際に同道したり、養蚕業推奨に合わせ、餐霞館にて絹を織ったりするなどした。鷹山の藩政改革、イノベーションの実践には、お豊の内助の功も大きかったようだ。

１８２２（文政５）年3月11日、鷹山は、老衰のため満70歳で死去した。

４．鷹山が活躍した江戸時代と米沢藩の復興

（１）鷹山の江戸時代

鷹山の生きた１７５１（宝暦元）～１８２２（文政５）年は、徳川幕府の第10代将軍・家治（１７６０（宝暦10）～１７８６（天明６）年）と第11代将軍・家斉（１７８７（天明７）～１８３７（天保８）年）の時代に該当する。

高度成長時代であった元禄時代（１６８８～１７０４年）が終わり、徳川吉宗が「享保の改革」（１７１６～４５年頃）に取り組み、倹約と増税による幕府財政の立て直しを目指した。この頃は、石門心学を説いた石田梅岩（１６８５―１７４４）が活躍した時代である。士農工商の中で、特に商人にスポットを当て、「商人の売買の儲けは、武士の俸禄と同じ」と、その活動を正当化していた。

江戸時代後期に入り、①田沼意次の幕政：田沼時代（１７６７～８６年）、②松平定信の寛政の改革（１７８７～９３年）、③文化・文政時代（１７９４～１８３２年）、④天保期（１８３２～５０年）と続く。

鷹山が藩主に就任し、明和・安永の改革に取り組んだ田沼時代には、「享保の改革」による

年貢増収策の頭打ちで財政難となっていた。これに対し、商品生産・流通に新たな財源を見いだし、さらに大規模な新田開発と蝦夷地開発を試みた。農業依存体質を改め、重商主義政策を実行に移した。ただし、賄賂が横行したことに加え、天明の大飢饉も重なり、百姓一揆や打ちこわしが頻発し、田沼意次は失脚してしまう。

次に、藩主を隠退した徳川家斉の時代になると、老中・松平定信は、農本主義に立脚した「寛政の改革」を推進した。ここでは、質素倹約と風紀取り締まりを進め、財政改善に取り組んだ。

その後、米沢藩でさまざまな藩政改革が推進された文化・文政時代には、商人の経済活動が活発化し、浮世絵や滑稽本、歌舞伎、川柳など、江戸を中心とした庶民文化、化政文化が栄えた。しかし、農村では貧富の差が拡大して各地で百姓一揆や村方騒動が頻発し、治安も悪化していた。

さらに、鷹山の死去後、天保期となり、1832（天保3）年から始まった天保の大飢饉は全国に広がった。都市でも農村でも困窮した人々があふれ、餓死者も多く現れた。これに対し、家斉死後の1841（天保12）年、老中・水野忠邦が幕府権力の強化のために「天保の改革」と呼ばれる財政再建を実施した。しかしながら、その効果は薄く、水野忠邦は3年間で失脚してしまう。

上杉家廟所にある鷹山の墓所

筆者撮影（2019年）

この頃、二宮尊徳（１７８７―１８５６）により、小田原藩、烏山藩、下館藩、相馬藩などで、農村復興事業が実施されていた。彼は、人間の欲を認めながらも、周りと巧みに調和させ、心もお金も同時に豊かに育むという「報徳」思想を説いた。

（2）鷹山後の米沢藩

既述のように、米沢藩の借金は、鷹山が藩主を退いた後、最大30万両まで膨らんでいた。この借金は、その後のさまざまな藩政改革の効果が現れ、鷹山の死から1年後の１８２３（文政６）年に完済された。また、米沢藩の人口は18世紀に減少したが、享保の大飢饉後、鷹山の治世となって農村からの人口流出が減ったこともあり、増加に転じている。

鷹山らを祀る松が岬神社

筆者撮影（2019年）

その後の天明の大飢饉、天保の大飢饉の際に人口が減少したものの、他の東北諸藩に比べると飢饉の影響は少なかった。これも鷹山の功績といえそうだ。

その後の米沢藩を見ておく。斉定の子12代斉憲（なりのり）は、戊辰戦争で旧幕府側に付いた責任を取って隠居し、子の13代茂憲（もちのり）が最後の藩主となった。

米沢藩主・上杉家廟所は、上杉景勝没後、家祖である上杉謙信を含め、米沢藩主代々の墓所となっている。廟所内には、杉木立の中に歴代藩主の廟が整然と立ち並んでいる。中央正面に謙信があり、その向かって右に2代定勝、4代綱憲、6代宗憲、8代重定、10代治広の祠堂（しどう）がある。中央から向かって左には、初代景勝、3代綱勝、5代吉憲、7代宗房、そして9代鷹山、11代斉定の祠堂が並んでいる。
１８７２（明治５）年、鷹山は、上杉謙信とともに上杉神社に祀られ、その後１９０２（明治35）年、同じ松が岬公園内にある松が岬神社にも分祀された。松が岬神社には、現在、鷹山のほか、景勝、直江兼続、平洲、竹俣、莅戸善政らも祀られている。境内には鷹山の「伝国の辞」の石碑もある。ここは、鷹山を偲ぶため、改めて訪れたい場所の一つとなった。

（蟻生俊夫）

【第2章】 イノベーションを推進する鷹山のリーダーシップ

1．リーダーシップ論の変遷とサーバントリーダーシップ

(1) リーダーシップとトップリーダー

ここまでで見てきたように、鷹山は、江戸時代、日本一貧乏な藩といわれた米沢藩において、50年以上もかけてさまざまな改革、イノベーションを主導し、豊かな藩に生まれ変わらせた。鷹山は、破たんに瀕した藩を救った「明君」と称えられる。この改革は、鷹山という卓越したトップリーダーが出現し、その類まれなリーダーシップが発揮されたことによって実現した。

ＧＥバリューを生み出したジャック・ウェルチ、ＩＢＭのトーマス・Ｊ・ワトソンなど、歴史上名高いリーダーシップの実例は多々ある。現代の企業経営にとっては、有事、戦時のリーダーシップより、平時のリーダーシップのほうが、より直接的な参考になるであろう。そして、平時のリーダーシップの中でも、イノベーションに成功した鷹山の足跡は、環境の変化に

直面し続ける現代の企業経営に極めて豊富な示唆を与える第一級の題材といえる。

わが国では、バブル経済の崩壊後に指導者や経営者のあり方が問い直されるなかで、鷹山のリーダーシップに学ぼうという機運が高まり、１９９０年代以降、鷹山に関する書籍が数多く刊行されるようになった。しかしながら、鷹山のリーダーシップについて、リーダーシップ理論の視点から考察し、まとめたものは多くない。

本章では、鷹山のイノベーションについて、現代のリーダーシップ理論を適用し、考察することを試みる。リーダーシップとは何か。そして、米沢藩の改革は、鷹山のどのようなリーダーシップによって実現に向かっていったのか。そうしたリーダーシップは、どのような要素から構成されていたのか。そうした視点を起点に、現代のリーダーシップにとって、未来への頼みとすべき一灯を得たいものである。

日常用語としてのリーダーシップは、「指導者としての地位または任務、指導権」あるいは「指導者としての資質・能力・力量、統率力」のことをいう（『広辞苑』等）。

これに対して、専門用語においては、「リーダー」とは、組織内における地位（ポジション、役割）を指し、「リーダーシップ」とは、集団目的の達成において集団の指導者が発揮する属人的影響力や周囲にポジティブな影響を与える関わりを指す。リーダーシップは、組織内における地位のいかんにかかわらず、誰でも発揮することができる。

リーダーシップとよく似た概念に「マネジメント」がある。〝manage（する）〟とは、「どうにかしてやり遂げる」という意味で、マネジメントは、組織の状況を把握しながら、目的に向かって組織を運営管理（内部管理）していくことを意味する。

これに対し、〝lead（する）〟は、「境界線を越えて先頭に立って足を踏み出す」ことを意味し、リーダーシップとは、組織の進むべき方向を定め、必要なリスクテイクを行いながら組織を先導することを意味する。マネジメントと異なり、外部環境への対応を念頭に置く概念といえる。

リーダーはリスクをとる事業家・投資家であり、マネジャーは管理と統制を行う経営者・運営者である。

ボトムアップの取り組みだけで組織の成功が保証されるのなら、トップリーダーは不要である。トップリーダーでなければできない事柄があるからこそ、トップリーダーのリーダーシップが重視される。

トップリーダーに託されるべき仕事は、基本的には、組織の成功と存続にとって決定的に重要な意味をもち、かつ、トップマネジメントだけが行いうる仕事である。

それは、基本的には「事業の目的を決めること」と「組織の象徴として振る舞うこと」の2

つであり、その具体的内容としては、①事業の定義（目標、ビジョンの確立）、②基本戦略の決定、③組織の基本設計と維持管理、④基本的な基準・ルールの決定、⑤組織の象徴や代表者としての役割、⑥危機管理、などが挙げられる。

トップリーダーがこうした仕事以外で忙しい場合は、ミドルマネジメントの仕事を奪っている可能性が高い。

鷹山は米沢藩のトップリーダーであった。鷹山のイノベーションを見ていくということは、以上のようなトップリーダーの役割を念頭に置きながら、優れたリーダーシップのあり方を考えることと重なるといえよう。

（2）リーダーシップ理論の変遷

では、優れたリーダーシップとは、どのような特質を有するものなのであろうか。こうした点については、人類の歴史が始まって以来、数多くの研究がなされ、その成果も時代とともに変化してきている。

現代的なリーダーシップ研究は、20世紀の前半、リーダーの特質を個人の先天的な特性の中に見いだそうとする「特性理論」（～１９４０年代）から始まった。しかし、優れたリーダーの普遍的な特性を見いだすことは容易でなく、リーダーシップ研究は行動理論に移行していった。

「行動理論」（1940年代〜60年頃）とは、優秀なリーダーの取る行動に着目し、優秀なリーダーの要因やリーダーのタイプの分類を特定しようとする理論である。「職務遂行機能（Performance）」と「集団維持機能（Maintenance）」の2つの次元からとらえた、三隅二不二の「PM理論」などが知られている。

その後、リーダーシップ理論は、リーダーはどのような状況において、どのような行動を取るのが効果的なのかを論じる「条件適応理論」（1960年代〜70年代）に発展した。その例として、F・E・フィードラーの「コンティンジェンシーモデル」、R・ハウスの「パス・ゴール理論」などが挙げられる。

こうした蓄積の上に、リーダーシップ理論は、具体的なビジネスシーンごとに、それに適したリーダーシップを研究する「コンセプト理論」（1980年代〜）に発展していく。その例として、「カリスマ型リーダーシップ理論」、「変革型リーダーシップ論」、「EQ型（Emotional Intelligence Quotient：心の知能指数）リーダーシップ理論」、「ファシリテーション型リーダーシップ理論」、「サーバントリーダーシップ論」などの型がある。

このようなさまざまなリーダーシップ理論の中でも、「サーバントリーダーシップ論」は、環境の変化がめまぐるしく、イノベーションの必要性に不断に直面している現代のビジネス運営に柔軟に対応できるため、近年、特に注目度が高まっている。

（３）サーバントリーダーシップ

サーバントリーダーシップは、米国のＡＴ＆Ｔでマネジメント研究に従事していたＲ・Ｋ・グリーンリーフが１９７０年に提唱した理論にもとづく。これは、「相手に奉仕し、相手を導く者」という理想のリーダー像である。近年注目されているリーダーシップの新しい形といえる。

スピアーズ（Spears, 1998）によれば、サーバントリーダーシップがもつ属性として、以下のような10点を挙げることができる。

・傾聴（心を開いて、相手の要求や課題を聴くこと）
・共感（相手の立場で、相手の感情・思考・意図を理解すること）
・癒し（自分や相手のストレスや困難、リスク要因を見つけだして解決すること）
・気づき（自分自身の感情と行動を理解し、相手や状況を理解すること）
・説得（強制でなく相手を納得させて、自発的な行動を促すこと）
・概念化（目指すゴールやビジョンの具体的なイメージを描くこと）
・先見性（過去から学び、現実を見据え、未来への道筋を示すこと）

図表 2-1　サーバントリーダーと支配型リーダーの特徴

項　目	サーバント（支援型）リーダー	支配型リーダー
基本精神	利他	支配
目線	仲間	上から
影響の源泉	相互の信頼関係	組織内の地位・権力
重視する点	双方の共通利益の増進（Win-Win）	競争に勝つこと
コミュニケーション手法	（双方向的）傾聴・アドバイス	（一方向的）命令・指示
先導手法	目標や方向を概念化し共感を得る達成・管理	管理と統制

出所：筆者作成

・執事役（信頼と強い責任感の下で黙々と奉仕すること）
・成長へのコミット（相手の成長を支援すること）
・コミュニティづくり（チームワークと協調を促進すること）

この属性に見るように、サーバントリーダーシップは、従来の「俺についてこい」という〝上から目線〟の「支配型リーダーシップ」と大きく異なる（図表2－1参照）。組織のメンバーの能力を肯定し、奉仕や支援を通じて、周囲から信頼を得て、主体的に協力してもらえる状況を作り、その力を最大限に発揮する環境づくりを進めるリーダーシップスタイルである。

サーバントリーダーシップは、働く人々の成長を支援し、仕事の権限を委譲しながら、後方支援（奉仕）するリーダーシップである。部下の自律的モチベーションを引き出すことや、働く人々の自律性・有能性（能力発揮）・関係性（人間関係）の欲求を満たすことを可能とする。

サーバントは「奉仕者」と訳されるが、その言葉が示すように、サーバントリーダーシップの基本精神は、「滅私」や「利他」、「博愛」などの精神に近い。

ただし、「奉仕者」という意味から、その指導方法について、「メンバーの主張を何でも聞き入れる」、「メンバーの言いなりになる」と誤解されやすいが、そのような意味ではない。ビジョンやミッションの最終意思決定はリーダーが行うものの、リーダーは組織のメンバーを支援し、手助けする立場で目標達成を目指すのである。したがって、その基本精神においては「奉仕者」といってよいが、この指導方法については、「支援者」という意味に理解したほうが適当である。

サーバントリーダーシップの導入事例として3つほど紹介したい。

まずは、プロローグにも記載の株式会社資生堂のモチベーションマネジメントがある。同社では、デザイナーやクリエーターたちの夢や希望を育むための新しい部署に加え、顧客や外部の研究機関と接点をもち、外部の「知」を取り込む拠点を新設し、従業員の働きがいを高める活動を続けている。

次に、株式会社アデランスでは、クレド（経営理念を具体化した「行動指針」）に「感動サービスを実践する社員こそが、もっとも大切な財産です」と明記されている（筆者取材結果にて確認）。これにもとづき、リーダーが現場に権限委譲を行い、部下が顧客満足の実践に取り組みやすいようにサポートしているのが印象的であった。

また、世界80か国で3万店舗を超える店舗数をもつコーヒーショップのスターバックスも、サーバントリーダーシップによる会社運営を行っている。スターバックスは、倫理的な調達、環境面でのリーダーシップ、コミュニティへの貢献を経営理念として掲げ、従業員の活動に対し、ともに企業価値を高める「パートナー」として大切に扱っている。

2. 鷹山のリーダーシップ

(1) 鷹山のサーバントリーダーシップ

第1章で紹介した鷹山のさまざまな藩政改革での行動や言葉について、サーバントリーダーシップの視点で分析すると、以下のとおり示すことができる（図表2－2）。

図表2－2の中で、特に鷹山のサーバント（支援型）リーダーシップが発揮されたのは、満33歳の時、藩主の座を前藩主の息子の治広に譲ってから顕著に見られる。満15歳で藩主になって以来、18年という長い年月をかけて藩の財政改革に取り組んできたが、相次ぐ大雨による洪

図表 2-2 鷹山の行動、言葉とサーバントリーダーシップ

年号	鷹山の言葉や行動	傾聴	共感	癒し	気づき	説得	概念化	先見性	執事役	成長へのコミット	コミュニティづくり
1767（明和 4）	藩主就任。竹俣当綱、莅戸善政、佐藤文四郎らの登用。		○			○		○		○	○
	大倹約令の布達						○	○			
	年間経費を重定の七分の一に削減し、一汁一菜の食事、木綿の衣服の着用など、自分自身で倹約を実行。								○		
	「民の父母」の和歌	○	○		○				○		○
	米沢の春日社と白子神社に誓詞を奉納。				○		○			○	
	発育障害のあった正室・幸姫への対応。	○	○	○	○						
1769（明和 6）	はじめて米沢に入る。改革の火種				○			○			
1771（明和 8）	細井平洲に 10 人扶持を与え、米沢藩の文学師範を依頼。学問所を再興。					○		○		○	
1772（安永元）	籍田の礼を行う。							○	○		
	藩の財政状況をまとめた『会計一円帳』を作成、公開する。						○	○			
1773（安永 2）	七家騒動への対応。	○	○		○	○					
1784（天明 3）	正室・お豊とともに、春日社の謙信公御堂にこもり断食して五穀豊穣を祈願。			○					○		
	籾 5,000 俵、麦 2,500 俵の 20 年の備蓄計画			○			○				
1785（天明 5）	治広に伝国之辞を贈る。		○			○		○		○	
	「為せば成る・・・」の歌					○		○			
1787（天明 7）	父・秋月種美と養父・重定を誠心誠意で看病。		○	○							
	豪商・渡邉家の資金融資への感謝の手紙。		○			○			○		
	「施して浪費するなかれ」			○				○	○		
1796（寛政 8）	細井平洲を米沢郊外にて出迎え、普門院で休憩。	○	○			○					
1801（享和元）	農民伍什組合					○					○
1802（享和 2）	飢饉救済の手引書『かてもの』			○			○	○		○	

出所：筆者作成

水や干ばつ、そして冷害などによる飢饉の影響もあり、成果をあげるまでには至らなかった。通常、藩主を譲り隠居の身になれば、藩の財政改革の最高責任者の地位から降りるので関与しなくなる。しかし、鷹山は隠居の2年後、時の将軍家斉から江戸城に呼び出され、隠居後も引き続き米沢藩の財政改革にあたるよう命令を受けた。まさにこのときから、立場上からも藩主・治広の後見役（相談役）として支援型のリーダーシップ（サーバントリーダーシップ）を遺憾なく発揮したといえる。

鷹山のサーバントリーダーシップは、藩主の座を治広に譲った際の「伝国の辞」にある「主権在民」と「先施（せんし）の心」を基本精神にしている。そして、当時の家臣・領民など働く人々のモチベーション（働きがい・やる気）を向上させるモチベーションマネジメントに配意している点が特徴として挙げられる。

働く人々のモチベーションアップの要素とサーバントリーダーシップの要素は、一体不可分の関係にある。その要素である「気づき→傾聴→共感→癒し→説得→成長へのコミット→コミュニティづくり」のサイクルと、「先見性→概念化→執事役」としての推進など、現代の企業経営や組織運営を目標達成などの成果に導くための示唆を数多く得ることができる。

（2） 鷹山のリーダーシップの特徴

前掲図表2－2の鷹山の行動や言葉、さらには第1章での生い立ちを見てみると、鷹山のリーダーシップは、組織メンバーを支援し手助けする立場で支援するサーバントリーダーシップだけでは簡単に説明できない部分もある。

組織を変革させるために目標達成のための明確なビジョンをもち、それを組織全体に浸透させる「変革型リーダーシップ」を有する。また、一緒に働きたいと思わせる人間性が特性として求められる「ＥＱ型リーダーシップ」もある。さらに、リーダーとなる人物のカリスマ性によって組織目標を達成する「カリスマ型リーダーシップ」も存在する。そして、組織メンバーから自主的に意見を引き出す「ファシリテーション型リーダーシップ」を併せもっている。こうしたところが明君と呼ばれるゆえんである。

特に注目されるのが、鷹山の「先施の心」である。その心は、相手からの働きかけを待つのではなく、自分から働きかけることによって相手の心を動かすこと。これは鷹山が師と仰いだ平洲の教えである。藩主・鷹山の心の中で、身分の上位者から下々の者に親しく接するという心情に変わっていた。学問が実学として成長していた。

「カリスマ型リーダーシップ」「ＥＱ型リーダーシップ」の事例として挙げることができるのは、次のことである。思考の先進性とともに、鷹山を偉人たらしめているのは、その生活の質素さ、清廉さである。食事は、朝は粥と香物類、昼と夕食は一汁一菜に干し魚がつけばよいほうという質素さである。この食生活は9代藩主になった16歳の時に「大倹令（倹約令）」を打ち出して以来、一貫していた。内輪においては木綿衣を普段着用のこと、という倹約令に自らも従い、絹の着物はほとんど身につけなかった。現代の日本人が言うところの「率先垂範のリーダーシップ」である。

このほか、倹約の事例として、プロローグで記述したように、奥女中は前藩主は50余人いたが、これも一気に9人に減らした。このとき、これでは奥方様のお世話ができないと抗議した老女に対して、鷹山は「足らざるところは私が世話をする」と言ったと伝わっている。実際、鷹山は紙で鶴を折ることを覚え、布で人形を縫うことも学び、それらを持って正室の幸姫の住む奥にしばしば足を運んだ。

大名行列も簡素化し、上杉家では15万石に減封された後も1000人近い供を従えて江戸と米沢を往復していたが、鷹山はこれを一気に数十人に減らした。きらびやかな武具の着用もやめさせ、木綿の着物を着用させた。

「変革型リーダーシップ」は、倹約令の発布や農村復興、殖産興業、新規産業の推進など将来ビジョンを明確に示している。次に、籾5000俵、麦2500俵の備蓄計画や飢饉救済の手引書『かてもの』の作成公布、自助・公助によりチームワークを発揮させる「農民伍什組（ごじゅう）

合」の設立、後継藩主・治広に「伝国の辞」を伝えるなど、イノベーションリーダーシップを発揮している。

「ファシリテーション型リーダーシップ」の視点から見ると、３点挙げられる。

１つは、七家騒動の際、問題の是非について家臣全員を集めて意見を聴いて裁決していること。

次に、藩の財政状況をまとめた「会計一円帳」を作成し公開したこと。

３点目は、すべての領民から意見を受け付ける「上書箱」を設置したこと。

鷹山のリーダーシップは、サーバントリーダーシップだけでは説明できない。前節で紹介した現代のリーダーシップ理論である「コンセプト理論」の５つの型を併せもっている特長がある。

３．優れたトップリーダーの条件と資質

このような鷹山の足跡を、イノベーションとリーダーシップに関する基本的理解と重ね合わせてみると、現代のトップリーダーに必要な条件や資質として、「利他」「創造」、そして「共感」を挙げることができる。さらに、それらを同時に兼ね備えるための根源的資質として、

「胆識」の重要性を指摘することができると考えられる。

(1) 利他

優れたリーダーは、その基本精神において「奉仕者」でなければならない。このような「滅私」「利他」「博愛」の心は、江戸時代の仁政・徳治の理念に通じる。

江戸時代は、民の父母の「徳」による「仁政」を建前とした時代だった(徳治主義)。「仁政」は制度的保障のない「人治」でもあり、一つ間違えば、苛政・圧政を生みだしうるものでもあった。そして、だからこそ、江戸時代のわが国の社会には、為政者が容易に無視しえない政治規範として、仁政・徳治の理念が、武士から庶民に至るまで広く浸透・定着していた。

鷹山もまた、そうした時代の空気のなかで幼少期を過ごした。

鷹山は、1751(宝暦元)年、日向国高鍋藩3万石の第6代藩主・秋月種美の次男として同家の江戸藩邸で生まれた。鷹山の実兄で、高鍋藩主であった秋月種茂もまた、米沢藩に通じる「仁政」を行った名君として知られている。

このような高鍋藩の家風のなかで、鷹山の養育役を務めた秋月家家老の三好善太夫(ぜんだゆう)は、幼児期の鷹山に大きな影響を与えた。三好は、鷹山に人としての正しい道(倫理)を教え、常に領民を思う「仁政」の基本思想の土台を築いた。

そのような時期に、鷹山は、深刻な危機に直面していた米沢藩のリーダー人材として発掘された。鷹山を米沢藩主の養子とするよう推挙したのは、鷹山の祖母・豊姫（筑前国秋月藩主・黒田長貞正室。第4代米沢藩主・上杉綱憲の子）であった。

豊姫は、鷹山が孝心厚く、聡明であるとして、第8代米沢藩主・重定の子・幸姫をめあわせて世子とすることを希望し、重定はそれを受け入れた。重定は、1759（宝暦9）年に、当時8歳の鷹山を養子に内約し、これが鷹山の藩主への道の始まりとなった。

のちに鷹山が上杉家の養子として米沢入りする際、第1章でも記述したように、三好善太夫は、1759（宝暦9）年の12月に「三好善太夫重道言上書」を、翌年11月の病没前に「奉贐書（はなむけたてまつるしょ）」を鷹山に贈り、学問に励み、忠孝を尽くすべきことや、小さなことでも上杉家の作法に違背してはならないことなどを説いた。

この2通の訓戒書は、形式的にも内容的にも、高鍋藩が歩んだ「仁政」の歴史を背景に成立したものであり、鷹山は生涯秘蔵してその体現に努力したといわれている。

法治主義を基本とする現代の民主社会においては、「仁徳」が語られることは少なくなっている。しかし、それに適うリーダーシップを実現することの意義は今日においても何ら変わらないであろう。

優れたトップリーダーには、自ら仁政・徳治の責任を担う「ノブレス・オブリージュ・

noblesse oblige（身分の高い者はそれに応じた社会的責任と義務を伴う）」の貫徹、すなわち「利他」が求められる。

（2）創造

鷹山は、荻生徂徠の高弟・太宰春台が著した『産語』（1749（寛延2）年）を愛読していた。太宰は、その著『経済録』によって、「経世済民」（治国平天下の術）を論じ、「経済」という言葉をわが国に広めたことで知られる儒学者である。

『産語』は、『経済録』を補完し、「治生」（人々が暮らしや生計を立てるための職分・生業）の安定により「富国安民」を図ることの重要性を説いている。そして、地力（土地の生産力）を最大限に発揮させることの大切さを説く「尽地力の説（地利の説）」を提示していた。

鷹山は、このような思想を支柱として、産業開発や地域開発を進めていった。

顕在化している獲物（ビジネスチャンス）を獲得する「狩り取る経営」は、卓越したトップリーダーがいなくてもある程度は可能である。しかし、創造的改革においては、潜在的な可能性に着眼し、リスクをとって種をまき、芽を出させ、育成する、「産み育てる経営」を行わなければならない。

それは、無形の可能性や可視化されていない価値を洞察し、創造を行う取り組みである。リーダーの条件や資質の核心として、こうした取り組みを主導しうる「創造性」を挙げることができる。

このような取り組みは、サイエンス（科学的合理性）にもとづく論理的分析のみに頼ることには限界がある。そうしたアプローチは、現実には広範に普及（コモディティ化）していて、それによる差別化は期待できない。ＶＵＣＡ（ブーカ、不安定性・不確実性・複雑性・曖昧性）の高い実社会では、そうした分析のみに依存すると、問題解決力や創造力の麻痺を招くおそれがある。

サイエンスは、もちろん不可欠であるが、その単純な絶対視は危険である。科学を踏まえたうえで、全体を直感的にとらえる「感性」と、真・善・美が感じられる方策を内省的に創出する「構想力」や「創造力」が求められる。そうした創造性は、アート（創作芸術）に近い性質をもっているものといえる。

イノベーションとは、単なる「破壊」（コスト削減）ではなく、価値あるものを新しく生み出す「創造」を伴うものでなければならない。そして、それを推進するトップリーダーは、双方の利益を増進するＷｉｎ・Ｗｉｎの関係を尊重する人でなければならない。

優れたトップリーダーの重要な役割として、こうした「共通の利益や価値」の創造・増進を行うことのできる資質、すなわち「創造」を指摘することができる。

（３）共感

鷹山は、人々との間でアサーティブなコミュニケーション手法を活用し、人々の信頼や共感を得て、集団を導くリーダーシップを実践した。

鷹山の誕生から幼少期に当たる宝暦年間（１７５１～１７６３）、米沢藩は深刻な危機に直面していた。

初代謙信の頃に１２０万石の領地を所有していた名門上杉家は、その後の変遷により15万石の小大名になっていたが、家臣（藩士）を削減せず、江戸や酒田の豪商より借金しながら藩財政をやりくりしていた。

さらに、１７５５（宝暦5）年の大凶作に端を発する城下打ちこわし、１７６０（宝暦10）年の北条郷青苧騒動（百姓一揆）などで、農村は人口減少と農地荒廃の悪循環で深刻に荒廃した。藩財政はさらに窮乏（１７６３（宝暦13）年の負債額は5万両）し、「半知借上」（知行・俸禄の半額不支給）が恒常化し、主従関係自体が動揺しかねないような状況となっていた。

そのなかで、米沢藩には、老臣が「蔵元ひっ迫のため、領知を公儀（幕府）に返上するほかない」と評議するほどの危機感が充満し、１７６２（宝暦12）年と１７６３（宝暦13）年には、何者かが藩政の問題点を列挙した訴状である「箱書」を幕府老中に提出するという事態まで発生していた。

このような状況の中で登場した鷹山は、人々にそうした実態を知らせ、危機感を共有させ、目標を設定し、全員の共感と一致協力の下で改革を推進していった。鷹山は、人々への優しさと思いやりにもとづいた「動機づけ」を行う天才であった。

そのようにして鷹山は、自助・共助・公助の三助の方針により、豊かな共同体を築いていく挑戦を進めていった。鷹山は、このような信頼と共感の力によって、改革を着実に前進させていくことに成功したのである。

改革を担うトップリーダーは、長期にわたり人々からの支持を得なければならない。そのためには、人々の信頼や共感を得る力が必要となる。

信頼や共感の獲得の基礎となるのは、コミュニケーション力である。コミュニケーションとは、「通信」や「伝達」のことと理解されがちである。そうではなく、人と人の間で、意思の疎通や心や気持ちの通い合い、互いに理解し合うということが起きて初めてコミュニケーション（相互理解）が成立したといえることに留意が必要である。

（4）胆識（たんしき）

優れたトップリーダーには、以上のような「利他」「創造」「共感」を同時に兼ね備えることが期待される。そのための根源的資質として、「胆識」を挙げることができる。「胆識」とは、昭和の師と呼ばれる陽明学者・安岡正篤が提唱した「三識（知識・見識・胆識）」の一つである。

「知識」は理解と記憶力の問題である。それが、その人の人格や体験、あるいは直観を通じて「見識」、すなわち、現実の複雑な事態に直面した場合の判断力の基礎となる。「胆識」は胆力を伴った実践的判断力とでもいうべきもので、困難な事態にぶつかった場合に、あらゆる困難を乗り越えて、自分の所信を実践に移していく力である。

この三識の考え方は、近代日本の実学・活学思想（福沢諭吉『学問のすすめ』にいう「活用なき学問は無学に等しい」等）にもつながるものといえよう。

鷹山は、兵学の人心掌握術や積極的経済策、儒学の道徳・教化論、農学や医学の技術論などの諸学を総合的に活用しながら、改革を推し進めていった。その背景には、学問と政治を結びつけ、さまざまな英知を総合的、かつ、実践的に活用しようとする姿勢が存在していた。

鷹山の下で、家老・竹俣当綱が、鷹山と各分野の改革勢力をつなぐ役割を果たし、倹約政策、備米蔵の設置、地方支配機構の再編、漆・桑・コウゾ各100万本植立て事業などの殖産興業政策など、多岐にわたる改革政策が立案・実施された。

鷹山が20歳であった1771（明和8）年には、その生涯の師となる儒学者・細井平洲が米沢藩に迎えられている。平洲は、尾張国知多郡平島村に生まれ、京都、名古屋、長崎などに学んだ後、江戸の芝神明町に嚶鳴館を開塾していた。この招請は、学問と政治を結びつけようと考える竹俣らの考えにより進められ、竹俣らは、さらに藩校興譲館の設置等の改革を進めている。

そして、鷹山の小姓頭・莅戸（のぞき）善政は、藩医・藁科貞祐の書斎・菁莪館に集まっていた改革推進派の儒学学習グループ「菁莪社中」の主要メンバーとして、鷹山の下で、竹俣らとともに改革を立案・推進した。

莅戸善政は、菁莪社中の知見をもとに、鷹山の人格形成にも大きな影響を及ぼしていった。彼は１７８３（天明３）年に隠居したが、鷹山の後継藩主・治広の時代（１７９１（寛政３）年）に再び中老に任じられ、改革のさらなる推進にあたった。

「胆識」は、アリストテレスのいう「フロネシス」や、野中郁次郎のいう「賢慮」や「実践知」に当たると考えられる。

アリストテレスは、知識を「ソフィア（叡智）」と「フロネシス（実践的な知）」に区別した。フロネシスは、倫理や情動、説明の明晰さ、身体性などが加味された総合的な知識や知恵（智慧）とでもいうべきものである。勇敢、節制、寛厚と豪華、矜持、温和、親愛と真実（正直）と機知などの中庸を守る徳性である。

野中郁次郎は、このフロネシスに、「賢慮」あるいは「実践知」という言葉を充て、特に東日本大震災後に「フロネティックリーダー（賢慮のリーダー）が日本を再生させる」、「フロネシスを持つ人材をリーダーとして得ることが重要である」と提唱している。野中は、そうしたリーダーのあり方として、①善を判断する、②本質を把握する、③場をつくる、④本質を伝える、⑤政治力を行使する、⑥実践知を育む、の6点を挙げている。

「胆識」は、科学的知識と実践的知識を融合した創造的な行動能力、すなわち、個別具体的な場面のなかで、全体の善と成功のために最善の行動を取る能力ということもできる。その涵養には、深い倫理観、歴史観、社会観、政治観、美的感覚等が必要と考えられる。

4．明君・鷹山に学ぶ現代のリーダーシップ

今日の日本経済の現状の下では、あらゆる企業にとって、新しい発展・成長の芽の創造と育成が、ますます重要な課題となっているといってよい。

「一国は一人を以て興り、一人を以て滅ぶ」（蘇老泉『管仲論』）ともいうように、国も企業も、優れたリーダーを得るか否かによってその興亡が大きく左右される。日本企業のイノベーションを実現していくためには、各企業において、そして、日本の政治・経済に関係するあらゆる組織において、優れたリーダーが数多く出現してくることが渇望される。

鷹山は、祖母豊姫によって発掘されて出現し、三好善太夫に養育され、平洲を師として成長し、竹俣や莅戸善政らに支えられて、自らの率先垂範等により米沢藩の改革を推進した。卓越したトップリーダーは、一人だけで登場し活躍したのではなく、それを創造する環境や人々が存在して初めて出現し、活躍した。

本章では、現代のトップリーダーに必要な条件や資質として、以下の４つを提示した。

「利他」…周囲への奉仕者の基本精神をもち、自ら仁政・徳治の責任を担い、「ノブレス・オブリージュ」を貫徹すること

「創造」…無形の可能性や可視化されていない価値を洞察し、「共通の利益や価値」の創造・増進を行うこと

「共感」…コミュニケーション力を前提に、人々の信頼や共感を得て、集団を導くこと

「胆識」…深い倫理観、歴史観、社会観、政治観、美的感覚等にもとづき、科学的知識と実践的知識を融合し、個別具体的な場面のなかで、全体の善と成功のために最善の行動を取ること

私たちは、優れたリーダーの出現を他力本願で待つだけではなく、日本人の伝統的価値観ともいうべき公の倫理観にもとづき、卓越したリーダーが創造される環境づくりに貢献していき

たいものである。

次章以降では、鷹山のリーダーシップの下で進められた産業開発、財政改革等の諸改革を具体的に見ていく。それを通じ、現代のリーダーシップのあり方とともに、優れたリーダーが出現し、活躍する環境づくりに向けて、有益な示唆を得ることとなれば幸いと考える。

（小滝　晃・平塚　直）

【第3章】鷹山による組織変革のマネジメント

1．変わりにくい組織

「この組織はおかしい、でも変えられない」

「チームの進むべき方向性を示しているのに、メンバーの意識が変わらない」

このような経験を持つ人は少なくないのではないだろうか。勤務先、アルバイト先、サークル、部活、そして家族。私たちは、多くの時間を組織の中で過ごしている。組織は、うまく機能しているときは、個人の能力の限界を超えるすばらしいパフォーマンスを発揮する。しかし、うまく機能しなくなった場合は、その修正に、個人の行為を修正するよりも何倍もの時間と労力を要してしまう。組織とは、すばらしく、とても厄介である。

「組織は変わりにくい」。この要因はさまざまにある。たとえば、特定の組織構造において利益を得る集団（既得権益者）の存在が挙げられる。彼らにとっては、既存の組織構造そのものが自分たちの利益に直結するものであり、組織構造の変化は利益の逸失をもたらすリスクにほかならない。したがって、彼らは、組織構造の変化に対して頑強に抵抗する。実際に、多くの組織変革の事例においても、既得権益者の存在は、組織変革の大きな壁となることが少なくない。

しかし、組織変化の阻害要因は、それだけではない。組織が長年の経験で培った、組織特有の「ものの見方」や「価値観」すらも、時には阻害要因となる。組織は、さまざまな経験と学習を通じて、特有の「ものの見方」や「価値観」を形成していく。企業の中に存在する「成功の法則」や、顧客・製品に対する固定化された概念等、たとえば、「技術的に優れたものであれば、顧客は必ず購入する」などの世界観は、まさにその好例である。

確かに、これらの「ものの見方」や「価値観」が、企業の置かれた環境に対して適合的であれば、それは企業にとって大きな強みとなる。しかし、企業の置かれた環境は常に変化する。ある時期に適合的であった「ものの見方」や「価値観」が、時代とともに変化した新しい環境では、不適合となる場合も存在する。このような場合、組織は、自らの「ものの見方」や「価値観」を変化させなければならない。しかし、過去の経験と学習の積み重ねからできた「ものの見方」や「価値観」の変化は容易ではない。

したがって、組織の既存の「ものの見方」や「価値観」が、組織変化の阻害要因となってしまうのである。「自社が社会・技術・市場の変化に対して適合できていないにもかかわらず、組織の中にその危機感がない」、「過去の成功経験にとらわれすぎていて、合理的な判断が下せない」という現象は、まさに組織の既存の「ものの見方」や「価値観」が組織変化の阻害要因となっている好例であろう。

加護野（１９８８）によれば、組織の既存の「ものの見方」や「価値観」は、①過去の成功が大きい場合、②成功期間が長期間にわたっている場合、③企業の同質性が高い場合、そして④企業の政治的権力が分散化している場合ほど、困難であるとされている。

このほかにも、組織変革の阻害要因は数多く挙げられている。ハナン＆フリーマン（Hannan,M.T. and Freeman,J., 1984）は、これらを物理学の考え方を用いて興味深い説明を加えている。彼らは、そもそも組織は環境の脅威や機会の発生に対して比較的緩やかに反応するという特性があり、環境の変化率に対して組織の変化率が低いときに、組織構造は強い慣性をもつとした。そして、組織には「組織が環境と同じ速さで変化できない力」である、組織慣性が存在することを指摘した。

まとめれば、組織は、急に変えようとしても、現状維持の方向性にエネルギーを有している。よほどの工夫がなければ、環境が変化したにもかかわらず組織が変わらず、不適応を起こすという現象が発生してしまうのである。

2. 米沢藩の組織状況と組織変革プロセス

（1）鷹山着任時の米沢藩

鷹山が襲封（子孫または諸侯が領地を受け継ぐこと、現代の言葉でいえば、領主に着任）した際の米沢藩の状況は危機的であった。第一に、藩の収入が大幅に減少していた。1601（慶長6）年、上杉家は、会津から米沢への減領転封を命じられた。この時、上杉家の石高は約120万石を有していたものの、第1章などですでに記述したように、この減領転封によって石高が4分の1の30万石になった。さらに、1664（寛文4）年には、3代藩主・綱勝が跡継ぎを決定せずに急死したところから、そのペナルティとして石高が引かれ、結果的には約15万石となった。

しかし、大幅な収入減の反面で藩の家臣団の数は、大きく減少していなかった。プロローグで述べたように、15万石になった以降も6000人強の家臣団は維持された。1745（延享2）年当時には、5086人存在したとの資料も残っている。同時代に5000人規模の家臣団を持つ他大名は、少なくとも30万石以上、一般的には47万石ぐらいの石高を持っていた。

この状況からもわかるとおり、鷹山が襲封した際の米沢藩は、自らの収入で維持できる規模をはるかに上回る家臣団を抱えていた。現代の経営用語に翻せば、「売上高が85％減になった状況下においてなお、従業員の人員削減をまったく行っていない」という状況であった。

この収入規模と家臣団の多さの不均衡は、家臣団全員の給与水準の大幅な引き下げという形で維持されていた。それは当然、家臣団の困窮の原因となった。特に、下級武士の状況は深刻であった。

鷹山が襲封した際の状況はひどかった。扶持米（現代風にいえば、家臣団の給与）の不払いも発生する状況であり、これに不満をもった下級武士の家臣団が勘定頭を激しく批判して、まさに暴動に及ばんとする事件も発生した。また、1755（宝暦5）年には、武士の身分をもつ者が首謀者となり、城下の打ちこわしを行うという事件も発生した。

身分秩序が現代よりも厳しかった江戸期において、下級武士が勘定頭を糾弾する事態は普通ではない。また、国家の治安にかかわる身分である武士が打ちこわしの首謀者となることも異常であった。これらの事件は、当時の米沢藩が、恒常化した給与水準の低さから発生した不満が、藩のガバナンスを揺るがすまでに至っていたことをよく表している。

武士以外の領民の生活も楽ではなかった。これが藩の収入を支える農業生産力をさらに低下させるという負の循環が発生していた。当時の米沢藩の領地は、農業に比較的不向きな土地が多かった。このため、耕作地を放棄する農民が増加していた。

さらに、年貢を払えない場合に農民が田畑を売る状況も発生していた。そして、田畑を失った農民が困窮し、耕作放棄する事態が発生した。結果的に、藩の収入を支える農業生産力がますます低下する事態となった。

このような困窮によって、当然のごとく領民の不満は高まった。米沢藩では、これを把握していたものの、不満を抱える領民に対して緩和策を行うための予算がなく、有効な対策を講じられない状況が続いた。これは、結果として、領民の藩のガバナンスに対する抵抗、ないし不信へとつながった。

この時期に、新しい租税制度の施行を米沢藩が試みても、農民がこれに激しく反発し、中止とせざるを得ない事件や、藩における問題を米沢藩ではなく、幕府に直接訴え出る事件も発生した。

しかし、このような危機的な状況下において、鷹山が襲封する以前の米沢藩の首脳部に危機感があったかといえば、そうではなかった。米沢藩の支出に対する抜本的な見直しは行われず、さまざまな財政的な無理や無駄が放置された状況であった。むしろ、問題を解決し藩を存続させるという意識すら揺らいでいた。既述のように、実際に、鷹山が襲封する直前には、藩の領地を幕府に返還しようとする動きすら家臣団の一部には存在した。

まとめれば、鷹山が着任した時の組織状況は、①藩の構造的問題から財政が危機的状況であり、②長引く藩財政のひっ迫から家臣団、領民からの信頼が薄れ、藩のガバナンスが半ば崩壊しつつある、極めて厳しい状況であったといえる。

（2）組織変革プロセス

このような危機的状況において、鷹山は、どのように組織を変えていったのであろうか。本章では、これを紐解き、現代企業の組織変革に対するインプリケーションを考えてみたい。その前に、本項では、既存の経営学における基礎的な組織変革のプロセスについて、少しおさらいしてみたい。

冒頭で述べたが、組織は変わりにくい。特に、組織が長年の経験で培ってきた「ものの見方」や「価値観」などの意識は変革が難しく、時として組織変化の阻害要因となる。では、このような変化が難しい組織の意識が、変化、変革するときには、どのようなプロセスを踏むのであろうか。また、その難しい変革には、どのようなマネジメントが求められるのであろうか。

これを考えるにあたっては、古典的ではあるものの、「社会心理学の父」と呼ばれる社会心理学者のクルト・レヴィンの提示した仮説が有用である（Lewin, 1947）。彼は、多くの社会心理学的実験の結果から、組織の変革には、「①解凍、②移行、③再凍結」という3段階のプロ

図表 3-1　レヴィンの変革プロセス

出所：Lewin（1947）をもとに筆者作成。

セスが必要だとする変革のモデルを提唱した（図表3－1）。

各プロセスの内容をまとめると、以下のようになる。

第一の段階である「解凍」の段階とは、既存の「ものの見方」や「価値観」の破壊を行うプロセスとなる。

「解凍」の段階では、まず組織を変革するためには「今までの『ものの見方』や『価値観』が通用しない」、あるいは「変えていかなければ組織の存続に悪影響を及ぼす」といった、正しい現状認識と危機感を組織内で共有することから始まる。そのうえで、「新しい考え方」、「新しいやり方」で組織を改善していくという雰囲気を段階的に組織内に創り出していくことが目的となる。翻せば、「解凍」の段階は、組織の硬化してしまった既存の「ものの見方」「価値観」を解凍し、可変可能な状態にして、新しい「ものの見方」や「価値観」を構築する準備段階といえる。

この段階では、既存の「ものの見方」や「価値観」、そして、それをもとに構築された制度や組織構造を否定・破壊することが必然的に発生する。したがって、このプロセスにおいては組織の構成員の不安は大きい。「組織を変革しようとする力」に対して、必然的に「現状を維持しようとする力」も生じる。この「現状を維持しようとする力」や、それを生む組織的要因、たとえば、不安感に対する適切なマネジメントがこの段階では重要となる。

第二の段階である「移行」の段階とは、既存の「ものの見方」や「価値観」を変化・変革させて、新しい「ものの見方」や「価値観」、そして、それを具現化した行動を学習させていくプロセスとなる。

「移行」の段階では、まず組織が向かうべき方向を正しく理解して、納得してもらうことから始まる。そのうえで、新しい「ものの見方」や「価値観」を具体的行動として実践してもらうことが目的となる。翻せば、解凍され柔らかくなった組織の「ものの見方」や「価値観」を、新しく形づくる段階といえる。

多くの場合、組織における既存の「ものの見方」や「価値観」は、何らかの組織の成功経験を基盤にしている。しかし、組織変革によって新たに構築しようとしている「ものの見方」や「価値観」には、基盤となる成功経験がない。ともすれば、改革の必要性を認識しながらも、成功経験のない不安さ、または改革に対する懐疑心から、改革の具体的な行動が取られなくなる場合もある。したがって、この段階では、新しい「ものの見方」や「価値観」を具現化した行動を組織の構成員に実践させ、そこに成功体験を組み込むマネジメントが重要となる。

第三の段階である「再凍結」の段階とは、「移行」の段階で学習された新しい「ものの見方」

や「価値観」を組織に定着化させるプロセスとなる。
「再凍結」の段階では、新しい「ものの見方」や「価値観」を具現化した行動の反復と成功体験の積み上げを通じて、新しい「ものの見方」や「価値観」にもとづく考え方や行動を慣習化することが目的となる。翻せば、新しく形づくられた組織の「ものの見方」や「価値観」を、組織文化として定着させる段階といえる。

組織において、一度、文化として定着した「ものの見方」や「価値観」は、変化が大変に難しい。したがって、新しい「ものの見方」や「価値観」をいったん学習したとしても、それを継続しなければ、元の状態に戻る可能性は小さくない。したがって、この段階では、新しい「ものの見方」や「価値観」を具現化した行動の反復と成功体験の積み上げを、長期継続的に続ける変革の状態を維持するマネジメントが重要となる。

鷹山が目指した組織とは、「領主・家臣団・領民が三位一体となって、藩の課題（財政危機問題）解決を実現させる組織」であったと考えられる。

鷹山が危機的財政を再建させるには、前例にない大胆な政策の実行が不可欠であった。かつ、それを行うには、領主・家臣団・領民が三位一体になることが不可であった。しかし、実際の米沢藩では、長引く困窮から領主・家臣団・領民は〝三位分解〟となっていた。

鷹山が組織で変えなければならないことは、三位分解を三位一体とすること、そして「斬新な政策実行を行い、米沢藩が財政再建を目指す」ことを、家臣団・領民（すなわち組織）の共通意識として根づかせることであった。

本節で述べた厳しい状況下で、鷹山はこれをどのように行ったのか。以下、クルト・レヴィンの提示した組織変革の３段階に沿って、鷹山の行動を分析することで考察していきたい。

３．鷹山の組織変革

（1）鷹山の試みた組織への揺さぶり

鷹山が襲封した際の米沢藩においては、長期的な財政危機により、家臣団と領民の困窮状態が長く継続した。このことから、家臣団や領民には現状の改善へのあきらめ、ないし不信感が蔓延していたことは想像に難くない。長期間、高ストレス下に置かれた組織においては、このような状況がよく見られる。

読者の中にも、自分の所属する組織全体に「何をやっても無駄だ」という雰囲気が蔓延していると感じたことはないだろうか。このような、状況の改善に対するあきらめや不信感をもたらすメカニズムとして、「学習性無力感」が存在する。

人や組織は、抵抗、回避できないストレスに長期間さらされると、そうしたストレスがある状況から逃れようという行動すら行わなくなる状態に陥ることがある。人は、何度挑戦しても成功しない理由は、「自分が無力であるからだ」と学習し、それに対する挑戦すらあきらめてしまうのである。これを「学習性無力感」という。心理学の実証実験においても、その存在は明らかにされている。

このような学習性無力感は、企業事例にも多く見られる。たとえば、長い間シェア争いに勝てないことから、従業員が業界最大手に対して「負け意識」を構築してしまい、組織全体の元気が失われてしまうという事例は多く存在する。

2000年代のローソンの経営改革においては、同社の従業員の中に存在した業界最大手のセブン-イレブンに対する「負け意識」を払しょくし、いかに元気のある組織にするかが大きな焦点となった。なお、同社の組織変革の詳しい内容については、西村（2010）にまとまっている。

鷹山の話に戻せば、鷹山がまず取り組まなければならなかった問題とは、米沢藩に存在した「何をやっても無駄だ」という学習性無力感の払しょくであったといえよう。つまり、米沢藩の財政危機の問題は、「もう何をやっても無駄」ではなく、「努力すれば改善へと向かっていく」ことを家臣団と領民に信じてもらうことだったのである。レヴィンの言葉を借りれば、

「もう何をやっても無駄」という見方の「解凍」をして、「ここから物語が変わる」という意識を家臣団と領民に作り上げることが第一段階であった。

「解凍」の段階における鷹山のマネジメントは、「財政再建のための斬新な政策実行（たとえば、徹底的な倹約の実践など）」と「家臣団や領民と苦楽をともにする姿勢」という、これまでの慣習を打破して実践することにより、家臣団や領民に強烈に印象づけるマネジメントであったように考えられる。また、単なる印象づけのパフォーマンスではなく、実質的な経費削減を実現するなど、質実剛健な行動であったこともそのマネジメントの特徴であった。

鷹山のこのマネジメントの実践は、多くの記録からも読み取れる。たとえば、鷹山が初めて米沢藩入りした際のエピソードがある。この時、鷹山は周囲の反対を押し切って、華美な装飾を施さない極めて質素な駕籠で、かつ、自ら馬を走らせて入部して周囲を驚かせたという。

また、その際の祝いの食事も、慣例を打破し、極めて質素なものに鷹山の指示で変更したとされる。そして、襲封の際の礼式における従来家臣団への挨拶において、鷹山は、中士以上を慣例としたところ、扶持方・足軽の下士列隊にまで挨拶の言葉を与えたという。

このほかにも、地方の古からの風習である厄祝いに対して、鷹山が「迷信である」として、自らの25歳の厄年終わりの祝いを廃止し、経費を削減したというエピソードもある。

慣習を重んじ、慣習からの逸脱に処罰が存在した武家文化において、このような慣習を打破して「財政再建のための斬新な政策実行」と「家臣団や領民と苦楽をともにする姿勢」を示す行為は、領民や家臣団に鮮烈であったことは想像に難くない。これは、その後に米沢藩を幕府に返上しようとする動きが発生しなかったことや、のちの改革において家臣団や領民から多くの改善案が提出されるようになったことからも読み取れる。これらのマネジメントが「もう何をやっても無駄」という意識を変革した。

(2) 行為を粛正し、人を粛清せず

「企業を変革するには、経営層を替えよ」という言葉はよく聞かれる。確かに、組織変革の過程において、その企業の経営層の一部が改革に反対する先鋒となってしまうことは珍しくない。企業における経営層の影響力は大きいことから、彼らの反対によって組織改革が失敗に終わることもしばしばである。

これを考えると、組織の変革をなし得るには、その変革に反対する経営層、つまりは首脳部を刷新、時には追放することは重要、あるいは不可避なことなのかもしれない。確かに、企業における経営改革の成功事例を見ると、経営層の刷新、時には追放を見ることは少なくない。

しかし、組織改革に反対の意見をもつ者が、自ら辞めていくならばともかく、強制的に組織から退場させることは、ともすれば「改革に賛成しなければ追い出す」というメッセージとな

りかねない。このようなメッセージは、組織内に不安を広げ、それがもととなり、「現状を維持しようとする力」の増大に結びつきかねない。結果として、改革を進めるための首脳部の刷新が、逆に改革の反作用を強めることになりかねないのである。

一方で改革への反対を排しながら、他方で組織の不安を緩和するというマネジメントは大変に困難といえる。では鷹山は、どのようなマネジメントを行ったのであろうか。鷹山のこの点に関するマネジメントの本質は、「行為を粛正し、人を粛清せず」であると筆者は考える。

第1章などで記述した、鷹山が藩主として米沢に初入部した1769（明和6）年の4年後に発生した「七家騒動」への対応においては、その本質がよく表れている。1773（安永2）年、鷹山22歳の時に、改革に反対する藩の重役7人が、藩医である藁科立沢の教唆を受け、改革の中止および改革を推進する奉行の竹俣とその一派の罷免を鷹山に強訴した。

この際、改革反対派の重役は鷹山を米沢城内の一室に呼び出し、自分たちの訴えに即座に対応しなければ幕府に訴え出ると圧力をかけた。さらに、長時間にわたって鷹山に対して訴えを行い、自分たちの要求を強引に了承させようとする強硬なものであった。

後世の分析によれば、この時の改革反対派の重役による訴えの内容は、概ね事実と相違するものであり、また改革に代わる具体的な改善が示されたものではなかった（たとえば、横山、1987）。

しかし、鷹山は、これらの訴えに対して、各部署の担当者を集めて批判内容の真偽を客観的に吟味した。その数は一説によると数百人に対して行われたという。さらに、判断の客観性を得るため、真偽の判断は前藩主である重定とともに行った。当時としては、異例ともいえる客観性を重視した審議のプロセスは一目に値する。

慎重な審議の結果、鷹山は、改革反対派の重役による訴えは妥当ではないと判断する。そして、強訴した7名には、2名が切腹および改易、5名が隠居、閉門および領地没収（石高削減）、そして同事件を教唆した藩医の藁科立沢は極刑（斬首）という、という厳しい処分を出した。

この処分に至るまでは、わずか3日間という極めて迅速な対処が行われた。その対応力の高さから、鷹山の手腕は知られることとなった。この事件の後、米沢藩は一体となって、さらなる組織改革へと邁進していくこととなる。

ここまでを聞いた場合、読者は、やはり組織改革をなし得るためには首脳部の刷新、時には追放はやむなしとの印象を受けるかもしれない。しかし、この事件における鷹山のマネジメントにおいて注目すべき点は、もう一つあると筆者は考える。

処分が決したのち、藩医の藁科立沢の極刑は実行されたものの、切腹および改易の処分が出た2名の切腹は行われなかった。かつ、彼らの家は、身分こそ降格されたが改易ものちに解除された。また、隠居、閉門および領地没収となった5名の隠居および閉門は解かれるとともに、削減された石高も後日に回復されたのである。つまり、妥当性のない改革への反対行為に対しては厳粛に処罰が下されたが、当人やその家族そのものに対しては、概ね粛清が行われなかったのである。

強訴に至ったとはいえ、改革反対派が「強訴すべき何かしらの必然性」があったことは想像に難くない。かつ、強訴にかかわった人々は米沢藩に長期にわたって奉職するものであった。これらを考えると、もし鷹山が出した処分が完全に実行され、その後の何らの回復もなかった場合、それは家臣団の改革への不安を招いたのではないかと筆者は考える。

この「行為を粛正し、人を粛清せず」というマネジメントこそ、改革への反対の排除と組織変革への不安の緩和を両立させた鷹山流のやり方であり、効果をもたらしたものと筆者は考える。

実際に、この後の改革においては、家臣団・領民がこの事件に委縮せず積極的に意見を出しながら改革に邁進していった。さらに、同事件での鷹山の対応は「改革・発展のための政治的粛清に終止符を打つという画期的な事件であった」（横山、１９８７）と後世においても分析されている。

(3)「行動させながら意識を変えていく」という移行のマネジメント

「解凍」によって変革の必要性や期待感が組織で共有されても、それが単なる認識や期待で終わってしまっては意味がない。むしろ、認識や期待のみで終わってしまった場合、「期待したのに、結局何も変わらなかった」といった失望が組織内に発生し、かえって組織内の学習性無力感を強化しかねない。

したがって、組織変革を行うためには、組織の「解凍」の状況を見極めつつ、早めに新しい体制や業務プロセスを実行するための具体的な行動の実践を組織に促す必要がある。しかし、この時点では、組織改革そのものの成果は出ておらず、改革について期待感はあるものの、その成否について組織の人間は半信半疑となる。かつ、組織の構成員の意識も従来と大きく変化しているわけではない。ゆえに、変革の必要性や期待感は不安定なものであるといえる。

ともすれば消えそうな種火のような変革の意識を、組織全体の変革エネルギーに昇華させるには工夫が必要となる。では、鷹山は、どのようなマネジメントを通じてこれをなし得たのであろうか。先述した「七家騒動」以降の鷹山の改革政策から、これを考えてみる。

七家騒動以降の大きな改革政策として、鷹山は、「地の利」を活かした商品作物の増産による収益増加の政策を実行した(構想発案と実働の中心は鷹山の右腕であった竹俣による)。この政策は、寒い環境でも育つ商品作物、桑や漆などの栽培を放棄された耕作地や荒れ地を整備して行い、これらの遊休資産を藩の増収増益をもたらす資産へと変更しようとする壮大な計画であった。

この政策は、それまで支出削減、特に給与削減という、家臣団や領民を困窮させる原因となっていた従来のアプローチとは真逆の発想であり、まさに鷹山の組織改革の一つの柱である「財政再建のための斬新な政策実行」を具現化したものであった。

鷹山は、この政策において新たな役職や役場を整備するなど、実践できる場を積極的に整備した。同時に、この政策が米沢藩に不可欠であり、藩主として強く推進するメッセージをさまざまな形で伝えた。また、この政策の重要性は実働を担った竹俣によっても積極的に組織内に浸透がなされた。竹俣は、自ら領内を丁寧に回り、各所において、この政策の重要性を昼夜説き、参加へといざなった。

そして、綿密な商品作物の植樹計画を立て、その参加に制度的な圧力を付した。しかし、植樹の費用は藩が負担することとし、強制的に植樹に参加させるが、過重な負担は強いない仕組みを構築した。

まとめれば、①組織改革が目指す理念を具現化した行動が実践できる場の整備、②メッセージの多重的な伝達による巻き込み、③行動への強制的な参加を同時に行うことによって、「行動させながら意識を変えていく」というやり方が、鷹山流のマネジメントであったように考えられる。

「行動させながら意識を変えていく」というマネジメントは、一定の効果があったことが歴史の記録からも読み取れる。たとえば、実際に、地方役人が桑や漆のみならず藍、紙、お茶などの栽培にも進出し、生涯にわたってこの政策の拡大に取り組んだという記録や、領民から「植樹に加わりたい」という申し出があったという記録が残っている。また、後世の分析においても、「地の利」を活かした商品作物の増産の重要性が、官民の垣根を問わず末端にまで浸透し、実践されたことが指摘されている。

そして、この政策が一定の成果をあげ、米沢藩の財政再建に大きな役割を果たしたことは他の章における記述のとおりである。

最後に、鷹山の組織改革のもう一つの柱である「領主・家臣団・領民の一体化」についても、この政策の実行過程では実践が見られるので追記しておきたい。

前述したとおり、この政策は参加を半ば強制する側面を有していた。したがって、植樹計画が時として現場の実情にそぐわない事態も発生した。また、実行に際して家臣団や領民の一部に過剰な負担がかかる事態も発生した。

このような状況に際して、植樹の計画の一方的な貫徹は行われなかった。個々の実情に合わせた「繰合」等の調整的な計画が、現場の意見をもとに実行された。また、家臣団や領民の一部に存在した過剰な負担に対しても、軽減策が実行された記録が残っている。

その重要性から、改革政策に半ば強制的な参加をさせる一方で、そこで発生する理不尽な負担に対しては丁寧な調整がなされる点は、鷹山の家臣団や領民と苦楽をともにする姿勢をとることで「領主・家臣団・領民の一体化」を具現化したものといえよう。

4．リーダーのコミットメントによる変革の定着

変革を導入の段階でやめてしまうと、変革がごく短期に道半ばで終わってしまう可能性がある。前述したとおり、組織には元の姿を維持しようとする慣性力がある。したがって、変革がごく短期に道半ばで終了してしまうと、組織の人々が以前の状態に逆戻りしてしまうことも少なくない。

不祥事を繰り返してしまう企業では、この逆戻りの現象がよく見られる。このような企業では、不祥事発生時には積極的な再発防止策を講じるものの、それがごく短期に終了してしまうケースが多い。

実際に、不祥事発生後に行っていた改善活動や新組織体制が、わずか数年のうちに廃止となる例も珍しくない。このような企業では、不祥事を発生させた時点に企業体質が逆戻りしてし

まう。結果として、過去の不祥事と同様のメカニズムを有した不祥事を再発させてしまう。

したがって、組織改革をなし得るには、この逆戻りの現象を防がなければならない。つまり、一度導入した変革を長期間維持するため、組織の中に強固に根づかせる活動、すなわち「再凍結」を行うことが求められるのである。

一度、変革の導入に成功したのであるから、それを組織内に根づかせることは簡単ではないかと考える読者もいるかもしれない。しかし、変革の導入に成功したからこそ、変革の継続の阻害要因が生まれることもある。

たとえば、変革を推進するリーダーやその協力者が、ある程度の変革における成功体験によって慢心して、さらなる変革の実行へ進まないケースもある。また、組織変革を通じて自らが新しい権力者となったことから、独断で思いのままに事を決するようになってしまうケースもある。さらには、変革を推進するリーダーやその協力者が、成功により変革の良い面だけに目を奪われてしまい、変革が進むにつれて、発生するさまざまな問題に気づかなくなることもある。

小さな成功が存在するがゆえに発生するこれらの課題を、鷹山は、どのようなマネジメントを通じて解決し得たのであろうか。次に、この点について考えてみたい。

実は、先述したような課題が米沢藩においても実際に発生した。

第一は、「地の利」を活かした商品作物の増産政策において大きな役割を果たした竹俣が、しだいに専制的な政務を行うようになった点である。変革の初期の成功により、竹俣は、鷹山から高い信任を得ることとなった。しかし、この高い信任を得たことから竹俣は、しだいに自分の意見に反対する者を組織から排除したり、財政再建に不可欠な倹約とは真逆の行為をしたりするようになった。

第二は、武士に対しても殖産興業を奨励する政策を積極的に実行したことから、その反作用として武士が殖産興業、すなわち利益を上げることに専心しすぎるようになり、武士としての風紀を乱すような問題が発生したのである。

これらの問題に対して、鷹山は、改革の遂行に徹底的にコミットメントし続けることで対処している。

第一の問題については、竹俣の専制的な行動と、倹約をおざなりにする行為を知ると、直ちに、竹俣を押込隠居という厳しい処分を行った。組織変革の推進にあたっては、たとえその改革の大きな功労者であっても、厳正に対処するという姿勢は、鷹山の組織変革の推進に対する並々ならぬコミットメントの強さを表している。

第二の問題に関しては、家臣団や領民から提出された意見書などから、鷹山は、この問題をよく把握し、自身の政策における欠点であることを真摯に認めた。さらに、寛政以降の改革では、「地の利」を活かした商品作物の増産政策を維持しながらも、武士の風紀の改善に取り組んだ。実際に、寛政以降の改革では、武士の風紀改善の政策が数多く記録に残っている。

鷹山がこの問題を認識し、政策の修正をなし得た背景には、自身の行う組織改革の合理性を徹底的に評価するために、家臣団と領民から意見聴取を常に怠らなかったことが存在する。意見の中には苦言や政策批判も含まれていた。鷹山は、これを排除せず、改革の合理性を高めるものであれば、それを積極的に採用した。また、意見が聴取できる場や体制の構築についても積極的に行っている。

そして、自らが手本となるよう率先垂範を常に心がけていた。しかも注目すべきは、率先垂範となる行為を長期継続し、隠居後もそれを貫き通した点である。

すでに他章でも紹介したように、たとえば、鷹山は、1767（明和4）年の襲封とともに大倹令を発して、まず自らの仕切り料（衣食住や交際費など）について、これまでの藩主の7分の1に縮小した。隠居後もこれは変えずに、生涯変更しなかった。かつ、隠居後、11代藩主・斉定が増額を進めた際も、きっぱりと断っている。ここからも、鷹山の組織変革の推進に対するコミットメントの強さがうかがえる。

まとめれば、「改革の推進にリーダー自身が徹底的に、かつ、長期的にコミットメントする」というマネジメントが、組織変革を道半ばで終わらせないための鷹山流のやり方であり、効果をもたらしたものと筆者は考える。これは、第2章で提示した「利他」「創造」「共感」、そして「胆識」を備えた鷹山だからこそ実現できた。

本章においては、鷹山の改革を組織変革の視点から概観してきた。鷹山が目指した「領主・家臣団・領民の一体化」を行うために苦楽を家臣団・領民とともにすることや、「倹約」と「殖産興業」を軸とした財政再建そのものは、当時の儒教的思想とも合致している。たとえば、江戸時代の儒学者・山鹿素行（やまがそこう）の講義録である『山鹿語類』の中には、多く垣間見られるものであり、新しいものではない。

ただし、鷹山の組織変革プロセスにおいて注目すべき点は、これらを商品経済の発達により財政が破たんし、長年の困窮から学習性無力感が蔓延した組織を変革して実践した点である。それをなし得た変革の各段階で行った、「行為を粛正し、人を粛清せず」等のマネジメントは、現代企業にもさまざまな含蓄を与えるものといえよう。

（平野　琢・小島克己）

【第4章】鷹山が率いたガバナンス改革と財政再建

1．破たん目前の米沢藩

（1）名門に舞い降りた青年藩主

鷹山が受け継いだ米沢藩は八方ふさがりの窮状にあった。前章まででも指摘されているとおり、謙信以来の名門という意識から大藩の体面を重んじるばかりで、現実の危機を直視できない。実質的な破たん状態に陥った老舗の「後継社長」として白羽の矢が立ったのが、宮崎県（日向国）の中堅企業の次男坊とでもいうべき鷹山であった。

「当家の事は家柄といひ家格といひ、当時の大諸侯いづれにか恥劣るべき。然れども往々小禄になり、殊更寛文の比不幸にして領地の半を減ぜられしなり。領地の半は減ぜらるといへども、家臣は皆以其前にかはらで扶助し給ふ事、誠に先君の厚徳忝（かたじけなし）といふも愚なる事也」（老が心）。

晩年の鷹山は冷静な筆致でその実情を描いている。「先君の厚徳」としているものの、領地が半減したにもかかわらず、「召し放ち」という抜本的なリストラ策には手を付けずに家臣を抱え続ける経営は財政を圧迫した。

１６６４（寛文４）年、後嗣を決めないまま藩主・綱勝が急死した際には、縁戚である吉良家から第４代藩主として綱憲を迎え入れることで廃絶を免れた。しかし、武家諸法度によって罰せられ、領地は15万石に半減させられていた。それでも家臣を減らさなかったばかりか、吉良家への支援まで加わって財政は一気に傾いた。その後の藩主も、元禄時代に象徴される消費文化の広がりのなか奢侈に流れ、思い切った手は打たれなかった。

さらに地理的な条件の厳しさもある。東北の冷涼な気候は凶作を招きがちなうえ、最上川が貫くとはいえ日本海までの舟運では途中他藩を通過するため、藩内の産物の移出にも費用がかさんだ。外様大名として、幕命で寺社などの「御手伝い普請」に駆り出され、伝統を重んじた豪奢な参勤交代の負担も大きかった。

これを乗り切るには、抜本的な藩政の見直しが欠かせないが、これまで糊塗策に終始してきた。一時凌ぎに借り散らすありさまで、鷹山が藩主に就いた頃には、江戸はもちろんのこと、越後、庄内などでも頼れる金主が見当たらない状態だった。

財政の穴を埋めるため、町人や農民からは厳しい年貢のほか、人別銭などが取り立てられた。これにより農村は崩壊した。農地を捨てる「逃散」や家庭が崩れ去る「死潰れ」が頻発した。世襲代官やその不正を監督すべき「横目」の不正、結託などがさらに農村を荒ませた。いきおい町方の商工民の生活も苦しくなり、新たな産業が興るはずもない。

さらに藩を危うくすることになったのが、諸士に対しての「半知借上」、実質的な俸禄の5割カットを返済の当てもなく続けたことだ。藩を支える武士層は日常の生活に窮する始末で、謙信からの武威を誇る上杉家なら常日頃から整えていなければならない刀剣、鉄砲などの武具や軍馬も、年を追って貧弱になっていた。

米沢市の上杉博物館には1758（宝暦8）年の「御道具質入帳」が残っている。大坂の商人・堺屋次郎助から借金をした際のもので、証文で679両、さらに家宝の太刀や屏風を質に入れることで1550両を用立ててもらっている。4年後には京都屋敷を手放した。災害続きの時期であるうえ、幕府から命ぜられた上野東叡山根本中堂の建設費もかさんだ。「此の儘にして過ぎたならば仮令天災地変の起ることなくとも、近く亡国の悲運に陥ることは火を観るよりも明らかであった」（金森、1936）。

その衰退ぶりは人口の動向に顕著に表れている。鷹山が2度目の改革に手を付けた寛政時代に最悪期を迎え、寛政初年には9万9100人台と1世紀前の元禄期の4分の3にまで落ち込んでいる。それでなくても、農民の割合は66％程度にとどまり消費階層である武士が多い米沢藩にとっては致命的であった。

凶作続きのなか、下級藩士が農民を率いて城下を襲った打ちこわし（１７５５（宝暦５）年）、郡代頭取森平右衛門による青苧（越後縮の原料）の統制強化に端を発した一揆（１７６０（宝暦10）年）、江戸家老・竹俣による森の謀殺（１７６３（宝暦13）年）と続く。藩主と藩士は「御恩」と「奉公」で固く結びつき、農民や町人など領民の上に立つという基本構造は崩壊し、藩内のガバナンスが効かない組織に成り果てていた。「家々借たる物をも返さす買たるものをも値を償す廉耻をかき信義を失ひ」（藁科、１７９０）。まさに貧すれば鈍する窮状である。ついには、幕府に藩そのものを返上し、領民救済を願うしかないという極論まで飛び出した。今ならば、会社更生法か破産法の適用申請、つまり倒産である。

重臣である竹俣が米沢藩の領知返上を進言した１７６３（宝暦13）年の草稿は事態の深刻さを今に伝える。

「蔵元逼迫政事不相立候得者、国人苦之間　領知差上可申付、国人御救被下度」

この提言は、江戸家老の色部典膳を通じ、当時の藩主・重定やその正室の実家である尾張徳川家にも伝えられた。尾張藩主の徳川宗勝らに諌められ、辛うじてとりやめになった3年後、鷹山が藩主に就く。

（2）性急な倹約策が招く反発

1767（明和4）年9月、16歳の青年藩主が白子神社に奉納した誓詞が今も残る。「国家衰微仕り、国民相衰え申し候、因って此般大節倹相用い申し候、此段色部典膳同意仕り候」で始まる文面は、藩政の再建を目指して大規模な倹約を断行する決意を示している。

プロローグで記述したように、綿衣の着用、一汁一菜、本来1500両である藩主仕切り料の209両への縮減、奥女中の50余人から9人への減員など、鷹山を語る際に必ず持ち出される節約策である。

多くの側室を持ち、能楽や舞を楽しむ養父とは一線を画し、率先して身を削る決意は賞賛したいところだが、藩内に浸透させるには大きな問題を残していた。ちなみに、この倹約誓詞も秘密にされ、一般に公表されたのは1891（明治24）年のことだった（上杉博物館、1997）。

立ちはだかったのが譜代の重臣たちである。鷹山の誓詞にもあるとおり、江戸家老の色部も大倹令に同意する誓詞を白子神社に奉納している。しかし、当人は6年後、藩主・鷹山の治政に反対して起きた「七家騒動」（第1章など参照）の中心人物となる。「国家を再興し人民を安んずるこそ、此の身生涯の願是に過ぐる事あるべからず」（大倹令を米沢に伝える執政宛て親書）と気負い込む青年藩主の振る舞いが、伝統や先例を重んずる保守層の強い反発を招いたことは想像に難くない。

しかも自らは江戸にいて、初めての米沢入りは2年後の1769（明和6）年の秋になる。藩の根幹にかかわる政策転換が一片の命令書で指示されたのだ。大家の格式を知らない小家育ちが一部の近習に操られている。そんな米沢の重臣たちの疑念もわからないではない。

45か条に及ぶ訴状「七家言上書」では、鷹山の施政の危うさ、奉行竹俣の重用など幅広い批判が展開されている。改革から疎外された重臣の憤りはわかるが、それだけだろうか。「守旧的重臣」ばかりでなく下士層の改革政策への反発も騒動の背景にあったと考えられる、と小関（2015）は指摘する。

人生の師となる平洲を「御抱（おかかえ）儒者」として招くにあたり、鷹山は礼を尽くした。自ら平洲の自宅を訪ね、銀子30枚、縮緬30巻、酒など100両に相当する品を贈り、さらに10人扶持で迎えた。藩士には「半知借上」を強要しているさなかである。師を敬うあまり、窮乏している家臣団への配慮を忘れていると批判されても仕方ないだろう。

言上書には、藩士を開墾などの労力として駆り出すのは、鹿を馬に使うのに似ているという批判も見られる。誇り高い家臣団が農民の手伝いをさせられることへの憤懣がのぞく。

本来、手を携えて改革を進めるべき重臣らが、藩主の追い落としを謀る挙に出たことは、一つ間違えれば「お家騒動」として幕府の介入を呼び込みかねない。ここは隠居した養父の全面的な支持で乗り切ることができたが、藩主の地位が磐石でないことを鷹山は痛切に感じたに違いない。

幸い七家騒動により反対勢力が追放されて動きやすくなったうえ、鷹山も性急な改革の危うさを痛感した。その後は信頼できる家臣を重用し、藩士や領民を味方につけて改革を推し進める態勢を整えることになるが、綱渡りの連続だった。思いきった改革を打ち出すには、周囲の環境に目を配り、手順を誤らず自ら動かなければ、その思いが通じないばかりか逆効果を招く。青年藩主・鷹山の蹉跌は、経営再建を迫られる企業トップへの教訓にも満ちている。

2. 生涯を賭けた改革

(1) 蹉跌と再起

鷹山が改革を進めた時期は2つに分けられる。竹俣らが中心となって大倹令とともに思い切った殖産興業策を推進したものの、竹俣が失脚し、自らも満33歳で隠居することになる1785(天明5)年までと、中老に登用した莅戸(のぞき)善政の下で進められた1791(寛政3)年から死去する1822(文政5)年までの時期だ。

前期、明和・安永の改革は、①大倹令にもとづく財政緊縮、②漆、桑、コウゾの各100万本植立て計画に代表される地場産業の基盤づくり、③農村の再興、④人口減少の防止、などが柱となっている。

なかでも喫緊の課題が農村対策だった。１７７１（明和８）年、郷村頭取や郡奉行を置き、検地定役なども新設した。翌年には郷村教導出役12人と廻村横目６人が置かれた。

これまでは、世襲の代官が年貢の取り立てをはじめとして農村の一切を取り仕切ってきた。普段は城下町に住んでいたため、ともすれば農民の暮らしぶりも考えずに厳しい年貢の取り立てに走り、私腹を肥やすことにもなりかねない。郷村教導出役は自らが管轄する農村に住み、直接農民の指導や農耕の助言にもあたる。知行取の中級家臣から起用され、新たな職場の提供にもなった。

しかし、農村の再興は容易には進まない。竹俣の性急な改革は計画倒れに終わった面が少なくない。

第１次改革が思わしい成果をあげないまま、鷹山は満33歳で隠居し、その後は執政・志賀祐親が財政改革を手掛けた。こちらは15万石の半分の７万５０００石で出費を賄い、一切の借金をやめるなど、極端な縮小均衡策に転じたうえ、それまでの産業育成策まで打ち切ってしまった。結果として財政はジリ貧に陥り、鷹山の下での再生に賭けた藩士の活躍場所も失われていく。家臣からも領民からも鷹山の再登場を求める声が高まった。

大きな転機は1787（天明7）年に訪れる。将軍家斉から直々に「年来国政よろしく致す段、一段にある」と賞せられ、老中・松平定信からは「国政格別にこれある段、上聞に達し、…家政の儀、猶又厚く心添え致し候よう仰せ出され候」との書付が与えられた。

著名な蘭学医・杉田玄白は、何もかも食べ尽くし、人の屍肉をするまでに至った天明の飢饉を著書『後見草（のちみぐさ）』で活写している。そのなかで、領内から一人の餓死者も出さなかった鷹山を「賢君」と称えた。「出羽国米沢藩の侍従治憲朝臣と申は賢君に渡らせ給ひ、今年飢饉となりせしも、御領内の民くさの一人として餓死しては、深き御身の恥なり」と藩民を慮ったと賞賛を惜しまない。

こうした治政の評価が将軍の耳にも達したのだ。お墨付きを得たことで藩主の後見役として再度の改革（寛政の改革）に乗り出す環境が整い、財政改革の基本計画づくりを莅戸善政に命じた。16年の長期に及ぶ再建策では、年貢・租税をもとに着実に収入を伸ばすことを目指し、性急に成果を追うことを戒めている。内容を見ると、明和・安永の改革に見られた積極策に、志賀祐親による緊縮策を重ね合わせたものである。

具体的には、①適材適所の人材登用、②節約や倹約、③養蚕の奨励と国産品の保護、④経済、社会的な扶助の単位となる「農民伍什組合」の創設（次の第5章で詳述）、などが挙げられる。

最初の改革は、中心人物であった竹俣を慢心や専横を理由に１７８２（天明２）年、押込隠居にせざるを得ない結果を招き、推進力を失った。１７９０（寛政２）年から翌年にかけての財政収支を見ても、全体で２万５０００両の赤字になっており、現状維持がようやくといったところだ。このことは、竹俣の失脚と併せて、鷹山の満33歳での隠居の一因になったと見られる。

一方、思い切った長期計画を立て、修正を加えながら実行した寛政以降の改革の下では、新たな産業が芽を吹き、借金の返済が進む。鷹山はいったん代表権も返上して会長職あるいは相談役に退きながら、後にＣＥＯに返り咲いた辣腕経営者である。失敗経験を積み、過去の誤りを繰り返さない慎重さも出てきたことでようやく成果が生まれた。

鷹山が世を去る１８２２（文政５）年には年貢をすべて納めた村が多く、米沢藩の財政は立ち直りを見せた。死去の２年後にあたる１８２４（文政７）年の収支計画では、貨幣支出全体の３万５７７６両のうち、借金の返済は約４０００両と大幅に減っている。鷹山が生涯をかけた改革はようやく実を結んだ。

（２）情報開示の決断

これまで見たとおり、鷹山が直面した課題のなかで最も急を要したのは、当面の資金繰りと窮乏財政からの脱却であった。このためには、支出を減らすなどの緊縮策の実施や商人からの資金借り入れが不可欠であった。

支出のさらなる削減を家臣団に理解させ、藩の立て直しに全力で取り組んでもらうためには、現状の厳しい状況をよく理解してもらう必要がある。この観点で注目されるのが、財政状況を記録した会計帳簿の公開だ。

藩の財政の基礎資料として作成されてきたが、長らく藩主のほかは家老などの重臣や勘定方といった限られた者のみが閲覧を許される機密文書だった。確かに赤字だらけの台所事情など、できるだけ知られたくない。ところが、鷹山はこの慣行を破り、1775（安永4）年に「取箇帳（会計一円帳）」を組頭を通じて家中に幅広く公開する。

次のような通達が出されている。「前々重く取扱候御取箇帳のことに候得共　組中支配下取扱候為め頭々心得迄に披見被仰付間　切に披見可有之候事」（池田、1906）。

半知借上には手を付けないなかで、新たに漆、桑、コウゾの各100万本植立て計画に多額の費用を支出することへの理解を得るための窮余の策といえよう。改革策が成功し、藩の財政が安定すれば、藩に借り上げられてきた俸禄が戻ってくるという期待を抱かせ、家中を団結させるためにも情報の共有は欠かせなかった。また、限られた国土を最大限に生かし、富を生ませる、という藩政の基本姿勢すなわち「地の利を尽くす」を訴えることにもつながる。

隠居時代に手掛けた2度目の改革でも、藩民の知恵を幅広く集めるために、またも同じ策に出る。１７９０（寛政２）年の開示では、対象を無給、隠居まで広げた。さらに家臣にとどまらず有力な商家なども何らかの形で入手し、目を通す機会を持つことができた。それを裏付けるように、現在の長井市にある長沼家伝来の文書には、寛政2年の「御一円明細帳」が含まれている。あわせて上書箱を設け百姓町人に至るまでの意見を募ったところ、３４０通に達したという。藩政への信頼がなければ、率直な意見を申し述べることなど危なくてできないだろう。身分制度に縛られた封建時代とは思えない成果であった。

多くの藩士、領民らが主体的に藩財政再建の必要性と改善策を理解し、わがこととして考えた証左といえる。収支が明らかにされたことで危機の現状を納得し、その後の努力で好転したならば、人々は働きがいを実感することだろう。

また、厳しい財政事情のなか、産業の振興などを図るためには、外部、とりわけ都市部の特権商人からの資金調達が必要である。鷹山が藩主になった頃には関係が途絶えがちになっていた商人らから資金を調達するためには、財政再建計画を示して貸付資金の回収が図られることを理解してもらう必要がある。

第2次改革では、ようやく酒田の豪商、本間家から２５００両の借り入れがまとまる。示された資料を詳細に分析して、藩政に再建の見通しがあること、そして米や特産物を特権的に買い入れることで利益を得ることができることを確信して、資金融通に応じたのだ。莅戸善政の奔走によるものだった。1790（寛政2）年には1万5000両、1793（寛政5）年にはさらに1万両と、その後も理由をつけては支援を頼んでいる。それに対して当主の本間光丘（みつおか）は財政復興度のチェックリストを作成し、計画の遅延状況や修正点を書き込んで厳しい監視と統制を加えた（新谷、2011）。

藩士に対する財務資料の開示や、金主である都市特権商人に対する情報提供は、鷹山の開明的な姿勢を示すものとして紹介されることが多い。しかし、封建秩序のなかで育った鷹山が最初から好んで行ったとは考えにくい。破たん目前の危機のなか資金繰りや窮乏財政の再建という、止むに止まれぬ事情があっての苦肉の策とも考えられる。だとしても、『論語』泰伯篇にある「民は由らしむべし、知らしむべからず」の時代にそこまでの決断をしたことは高く評価されていい。

鷹山の姿勢は重要な示唆をわれわれに与える。情報開示は難しい。何でも表に出せばいいというものではない。鷹山の時代であれば、藩政に不満を抱く勢力に弱みをさらし、藩内に動揺を生じさせかねないばかりか、幕府に付け込まれて改易や減封に追い込まれるリスクまで抱える。今なら監督官庁に都合の悪い情報を進んで伝えたり、アナリストやメディアに重要な経営戦略を漏らしたりするようなものだろう。社会に広く拡散して、バッシングを受けるかもしれない。

情報開示の重要さが指摘されて久しい現代でも、このようなデメリットにひるむ経営者は少なくない。企業の運営にあたって、市場経済の利益を享受して健全な取引関係を保ち、従業員や株主などステークホルダーの理解を得るうえから、情報の開示が不可欠であることは常識になっている。しかし、それを実践するうえで何よりも重要なのは、最高責任者の判断力や決断力ということになる。第2章などで紹介した「胆識」である。うまく回っているときには情報開示に前向きだったのが、逆風になると及び腰になる企業は少なくない。これでは経営陣は信頼されず、全社を挙げて難局を乗り越えることは望めない。

3. 矛盾に立ち向かう鷹山

(1)「興利の政」と賤商論

鷹山の治世は、貨幣経済、商品経済が江戸や大坂から全国に広がる時代であった。鷹山が将軍からのお褒めに与った年に小田原に生まれ、のちに農村の再建に手腕を発揮する二宮尊徳は、著書『古今盛衰平均土台帳』の中で、自らが手掛けた下野・桜町領の様子を次のように記している。

「人少く困窮致し、田畑手余り、荒地に罷成り」、「(農家は) 逃去り、又は死に潰れ」百姓がそれに従う封建制度は厳然としてあり、そこで経済構造の変化に柔軟に対応しようとすれば旧来の秩序を破壊しかねないとの警戒心は根強かった。先の七家騒動に見られたような反発は尾を引き、米沢藩の窮状を真正面からとらえた鷹山の性急ともいえる改革に対する批判はくすぶった。

藩政への意見の公募に応じた藁科立遠(りゅうえん)の意見書『管見談(かんけんだん)』は注目される。そこでは、藩が率先して、田を耕し、野菜を作り、陶器を焼くなどの「興利の政」を追求したことで、家臣たちも金融や商業にかかわるようになり、士風が廃れてしまったと指摘している。藩の置かれた状況を考えると、大藩意識で無駄遣いを続けるよりも、率先垂範で地道に収入増を図り、再建を目指すほうがよほど現実的だと考えられる。だが、支配階層が年貢に頼ることを前提とした封建制度の下では批判を免れなかった。

明和・安永の改革では、プロローグなどで記述したように、漆の100万本植立てなど大胆な経済政策を打ち出し、道路の整備や荒地の開墾、築堤など経済インフラの整備に家臣団が自発的に参加する光景も見られた。「御手伝忠臣道」は明君美談の一つとして今に伝わるが、それが実効を上げて家臣の不安を払拭するまでに至らなければ、副作用にばかり目が行くのは致し方ない。

鷹山にも大きな影響を及ぼしたであろう儒学者・荻生徂徠は、『政談』の中で商人を吸血鬼のようにとらえている。「武家の輩、米を貴ぶ心なく金を太切の物と思ひ、是よりして身上を皆商人に吸取られて、日々に困窮する事也」

そして、あくまで農業に生活の基盤を置く農民と、そこからの年貢に依拠する武士層を支える政策を貫くように求める。商人については「潰るゝ事をば、嘗て構ふまじき也」という乱暴な結論に至る。

当時を代表する知性がこうした「賤商論」を唱え、多くの賛同者がいる時代である。藩主が率先して国産品の開発を呼びかけ、さらには専売制度のなかでさまざまな物品を販売しようとすれば、生活が苦しい家臣も商売や金融に手を出すのは当然で、「興利の政」が上杉家の士風を頽廃させたという理屈には一定の説得力があった。鷹山の満33歳での隠居の背景に、藩主の理想像を追いかけた自らに向けられた「興利の政」批判と改革の手詰まりを見てとることもできる。

これに対して、寛政の改革を推し進めた莅戸善政は、農工商の民が武士と同じく「国」（藩）を構成する「御国民」であるということを強調している。藩内に暮らす人々にとって経済の再建は極めて重要であり、その成果は広く行き渡るものである。そこに身分の上下はないという

米沢入りした平洲（左）を自ら出迎える鷹山の像

（愛知県東海市・細井平洲記念館）
筆者撮影（2019 年）

理屈を押し通した。

農村改革の一環として始められた「御報恩日備銭」は興味深い試みだ。定められた休日に一家揃って内職や賃仕事を行い、それで得た収入を肝煎りに納めて村の出費に充てる。一見するとただ働きの強要のようにも映るが、めぐりめぐって百姓自らの利益になり、決して藩主や家臣層の懐に入るものではなく、領民の生活に恩恵を及ぼすというのだ。

鷹山研究の第一人者である小関は、莅戸善政が、「身分によって経済的利害が対立しがちな藩の政策が『御国民』全体のためであると強調することによって、『四民』全体の合意を得ようとし」、「君家と四民では『まず四民を補い候が先』であり、四民の中で『三民に先立ち申すべきは農民』『農に次ものは士』というように、政策のプライオリティを明確化した」（小関、２０１６）と評価している。

こうした考え方は、鷹山や莅戸が編み出したわけではなかろう。18世紀前半に活躍した思想家・石田梅岩は、社会を構成する人々、つまり士農工商はすべて天下が治まるために働いており、武士は位ある臣、農民は草莽の臣、商工民は市井の臣と位置づける。武士も町人や農民も身分こそ違えども職分の上では対等であると言い切っている。

朱子学、陽明学、古学など儒学各派の主張から、それぞれの長所のみを受け継ぎ、現実的で穏当な説を唱えた折衷学派の一人、平洲に師事した鷹山やその家臣にとって、社会構造の変化を踏まえて身分制度を柔軟に考えることは、決して難しいことではなかったのではないか。

(2) 国産化への傾注

江戸初期から大坂を中心にして全国規模で商品流通のネットワークが形成されてきた。それが各地の特産品の開発を促進していき、貨幣経済の発達が藩を越えた幅広い取引を加速した。その流れは米沢藩にも及んだが、藩内の産業基盤が貧弱で、農村の人口減少が止まらないようではひとたまりもない。藩財政の巨額な赤字額はそうした冷酷な事実を示している。

1771(明和8)年に作成された「御領知高並御続道一円御元払帳」(会計一円帳)によれば、貨幣収入の合計が3万522両なのに対し、支出は3万667両。ほかにこの年返済予定の借金が3万9961両あったが、1万1950両しか返済できず、それまでの借金総額は16万両にも及んでいた(上杉博物館、2004)。

2度の改革では、調達、生産できるものは藩内で済ませ、外部への資金の流出を抑えることを心がけた。米沢近郊の小野川温泉に設けられた塩田は、その象徴的存在だ。海のない盆地でありながら、塩分の強い温泉に注目し、1772(安永元)年に仙台から職人を招いて塩の生産を始めたという。

こうした施政に対して、二宮尊徳は容赦ない批判を浴びせている。

米沢近郊の小野川温泉にある塩田跡

内陸でありながら塩分の強い温泉に着目し、塩の国産化を目指した。

筆者撮影（2019 年）

「米沢藩にては、年少し凶なれば、酒造を半に減じ、大に凶なれば、厳禁にし、且(かつ)他邦より輸入をも許さず、大豆違作なれば、豆腐をも禁ずと聞けり、是自国の金を、他に出さゞるの策にして、則一国の経済なり、夫天下の経済は此の如くならずして、公明正大ならずばあるべからず」

他藩との交易統制を徹底したのは指摘のとおりであり、自給体制を強め、藩外への自国産品の販売による収入の増加に藩を挙げて知恵を絞った。一方、凶作への備えは怠らず、酒造にまわす米にも厳しい規制をかけた。財政を再建し、相次ぐ飢饉などから藩を守るために必要な手段であったが、全国規模での経済発展を当然のことと受け入れ、そのなかでの農村や藩の復興を考える尊徳とは立場を異にした。

すべてを内製化することは、逆に高コストで競争力に乏しい分野を温存し、全体の競争力を損ないかねない。現在の経営においては決して評価されず、同時代人の尊徳からでさえ批判を免れなかった。商品経済、貨幣経済の流れに抗した試みは容易なものでなかろうが、積み上がった借財を考えればやむを得ない策だったというほかない。

それまで織物の原材料を生産するだけだった地に、今も伝わる米沢織が生まれたのは、こうした試みの成果といえる。

やみくもに縮小均衡策に走るのではなく、その一方で思い切った増収策も工夫する。明和・安永の改革にも携わり、家臣や領民も含めて藩が一体となって再生することの難しさを知る莅戸善政を隠居から呼び戻し、寛政の改革を託した鷹山の人材登用の手腕は光る。

（3）持続可能性とは家の存続

第1章で紹介した「国家は先祖より子孫へ伝え候　国家にして我私すべき物にはこれ無く候」で始まる「伝国の辞」は、1785（天明5）年、鷹山が隠居する際に後を託した治広に示した心得書として名高い。領民を思う政治が藩主の務めであるとする、明君・鷹山の思想を伝えるものとして名高いが、そうした美談にとどまるものではない。

株式会社制度などない時代である。大藩であれ、町の商家であれ、組織の永続性を保つということは家を守ることと同義で、鷹山の発想も変わらない。10代藩主・治広の第一女、参姫に与えた訓戒では「治国平天下といへば大物なる事の様に思わるれども、天下の本は国、国の本は家なり」（老が心）とする。

時代を先取りした民主精神の発露と理想化するものでなく、「伝国の辞」は自らが養子として入った家、すなわち、米沢藩を治める上杉家の維持のためにこそあったとの見方がある。「養父をはじめその血を引く勝煕・治広ら兄弟の人間性、器量を熟知している鷹山は、自分の経験を基に、才覚器量の如何を問わず、これだけは絶対という『藩主の掟』を作り、専制を戒め『民の父母』の精神を末永く喚起し続ける」ことが家を守る最善の道と判断した、というのだ（松野、１９９７）。

先に見たように、財政面だけでなく、藩主と藩士の信頼関係が揺らぎ、領知返上が論議されるまでに至った米沢藩は、藩主が専制を続けていれば遠からず内部崩壊しかねない状態にあった。「伝国の辞」の行間からは、引退後の藩政に対する鷹山の不安と不信を見てとれる。

あれだけの大倹令を出し、自らも終生それを実践した鷹山ではあったが、養父である先代藩主・重定の隠居生活については「聖域」とされ、苦しい財政のなかから豪華な隠居所も建てている。「孝」が最上位の規範である江戸時代に、それも養子として迎えられた鷹山にとって、養父から贅沢を取り上げることだけはできなかったのだろう。しかし、そうした例外が当たり前になり、藩士や領民の心が離れたなら、せっかく軌道に乗りかけた藩の再建そのものが危うくなりかねない。「伝国の辞」は、会社の再生に心血を注いだ名経営者が残した社訓であろう。

家臣や領民は「家」に仕える者であり、藩主も例外ではない。そうでなければ、破たん寸前の米沢藩の再建に力を合わせることなどできない。藩主が「民の父母」と自覚し、自ら律することこそ家を存続させるための鉄則ということだ。古代中国の賢帝の事績を理想とし、幼少から学んできた鷹山が、第2章で分析したサーバントリーダーシップを自ら実践したことへの評価は高い。一方で、自らの限界や将来の危うさにも思いを致していたなら、そちらも賞賛されてしかるべきだろう。

（荻野博司・林　順一）

【第５章】鷹山と農村改革、産業開発、新規事業

1．藩政改革の緊急性と改革の特徴

⑴　藩政改革の緊急性

鷹山の藩政改革を、現代の企業経営および経営倫理から見ると、プロローグと第1章で紹介されているように、イノベーションとリーダーシップについて、極めて示唆に富み、具体的な指針となる。

米沢藩は、現在の山形県米沢市を中心にした一帯である。鷹山は、第1章などで述べられているように、１７６７（明和４）年に、満16歳で第9代藩主（上杉家第10代当主）となった。上杉景勝の時代の１２０万石から15万石に減らされて、収入規模は8分の1となっていた。

しかし、藩の伝統・方針として、どんなに領地が減っても、家臣団（約６０００人）を一人も整理しなかった。このため、人件費等で総収入の約8割を占めていたうえに従来の伝統と慣習を守り続けたことなどから、財政破たん状態になっていた。

さらにこの時代、凶作や飢饉の回数は40回を超えていた。このため、土地を放擲して、逃げ出す者が増えるなど、多くの手余り地が増え、農村の荒廃が進んだ。このような逃散の時代であっただけに、藩財政の窮乏が進行し、藩政改革なくしては米沢藩は生き残れない状況にあった。

このような事情から、8代藩主・重定の時代に、領地の幕府への返上が提案されたが、尾張藩主・徳川宗勝（重定正室の父）などの助言により、とりやめとなっている。

（2）藩政改革の特徴

鷹山は、藩主に就いた際に、プロローグで紹介した「民の父母」の和歌を詠んだ。このように、鷹山は「仁政」を実現することを藩主として強く意識して、さまざまな政策を遂行している（遠藤、２０１１）。

鷹山は、藩主として、第1章で紹介したように藩主個人の行動を律する決意の誓詞（学問・武術を怠らないこと、質素・倹約を怠らないことなど）を、祖神春日社に奉納した。

さらに、白子神社に奉納した誓詞は、藩主として藩政の再建を目指した、大倹約を実行する旨の宣言（日常の食事を一汁一菜、普段着に木綿を着用、藩主の生活費を7分の１に抑制など）している（小関、２０１６、33-34頁）。

鷹山の藩主として55年間にわたる藩政改革の特徴は、①慈愛の精神で、領民、家臣をリードしたこと、②率先して自ら範を示したこと、③将来計画を立て、勇気をもって実行したこと、④優れた補佐役・推進者（藁科松柏（わらしなしょうはく）、竹俣等）を活用したこと、⑤現場の責任者が改革の主体となり事業を推進したこと、⑥人材教育を推進したこと、⑦年貢を納める人を大事にして民を富ませること、などである。

改革の実務面では、複数の重臣が執行者として活躍したが、鷹山が「改革をリードし支柱となった」ことにより成功したと考えられる。さらに、鷹山は、上杉家を相続し、身体障がいのあった幸姫と結婚した。このため、藩内の障がい者や老人、病人、子供など社会的に弱い立場にある人々をいたわり、民を富ませる藩政を推進した。そのうえ、満70歳という当時としては長寿を全うしたことにより、長期にわたり改革に携わることができた。

鷹山のさまざまな業績をイノベーション経営の視点から整理すると、主要なものは大倹約策をはじめ、農村改革、産業改革、新規事業、財政改革、教育改革、地域開発などである（**図表5－1**）。

そこで本章では、農村改革、産業開発、新規事業などに焦点を絞って、鷹山がいかに取り組んだかを分析して、現代の企業経営への影響、共通点、示唆などをまとめる。

図表 5-1　藩財政悪化の主要要因と主要改革

＜主要悪化要因＞		＜主要改革＞
・石高減少	⇔	・大倹約策
・異常に多い家臣数		・農村改革
・天災・飢饉		・産業開発
・幕府の普請手伝		・新規事業
・江戸藩邸の経費増大		・財政改革
・農村の疲弊、人口減少		・教育改革
		・地域開発

出所：筆者作成

2. 農村復興と改革

(1) 農村復興の開始

農業は、当時の君主にとって国を治める根本である。しかし、江戸時代は、凶作、飢餓の多い時代であり、気候不順、出水等が重なり、大飢饉が発生した。米沢藩では、1755（宝暦5）年の「宝暦の飢饉」により田畑が荒れ、米の生産力も低下して人口も減少していた（遠藤、前掲書、111-115頁）。

農村における窮乏化の過程は、「藩財政の悪化→農民に対する租税等の負担強化→重い負担に耐え切れず農民が夜逃げ→農村人口の減少→耕作放棄地の増加→農産物の減少→年貢納入の減少→藩収入減少の恒常化」という悪循環となっていた。

このような農村の人口減少と疲弊は、藩主にとって根本的な問題であり、農村の復興と勧農政策の推進は、緊急、かつ、重要な問題であった。

このような状況から、鷹山は、①農民人口の増加と勧農の奨励、②農民保護と統制の推進、③農馬や農業資金の貸付、などを長期計画として実施した。具体的な諸政策は、次のとおりである。

- 離散した農民の帰農
- 他領から開発農民の受け入れ
- 藩士の二、三男の帰農奨励
- 農民の商業禁止
- 新田畑開発と用水路開発
- 勧農と倹約励行
- 農村復興の支配機構整備

(2) 農村復興の支配機構の整備

まず、農村復興の支配機構の整備が行われた。具体的には、①代官の世襲制を廃止して、「一代限り」とし、優秀な下級藩士を副代官につけ権限を分散した、②郷村頭取・次頭取および郡奉行の復活と拡充強化や、郷村出役、廻村横目の設置、農民の農業や生活指導の実施などにより農村復興を促進した（遠藤、前掲書、65-66頁）。

このような支配機構の整備では、①家族道徳の倫理的指導、②衣食住などについて質素倹約の実行、③農民の流出を防ぎ、農民の利益を図り、農業人口の確保、④農民を苦しめる役人などの不正を防止することなど、さまざま改善が見られた。

（3）「籍田（せきでん）の礼」

鷹山は、1772（安永元）年3月に、「籍田の礼」を行った。これは、古代中国の儀礼（周・漢の制度）にならったものであり、耕作を重んずる姿勢を振興するための儀式である。実際に鷹山自らが、城外の山村まで出かけて、田に入り鍬を打ち、藩士や村長などがそれに従い、鍬を打つのである（横山、2014、71-73頁）。

この儀礼は、奉行や諸役人全員が参列したうえで、鷹山が三鍬を打ち、以下、奉行、代官等が多くの鍬打ちを行う。さらに、白子神社、春日社からいただいたお神酒を全員が頂戴する形式で実施された。

このような「藩主が田泥に入り鍬を振るった」という事実は、家臣や農民が行う労働奉仕を促進する大きな手本となった。これらがきっかけになり、多くの藩士や農民が荒地開発奉仕、田畑の開発、橋の架け替え・修理、堤防築造、備籾蔵（そなえもみぐら）建設等に率先して従事し、泥まみれになり汗を流した。

さらに、鷹山が特に力を入れたのは、開拓地や製蝋所の現地視察、村々の巡覧で、率先して人々と苦楽をともにする姿勢を見せるとともに、優れた代表者の褒章であるといわれている。

（4）新田・新畑開発

鷹山の「籍田の礼」に触発されて、中級家臣等が自発的に開墾作業を行った。これを皮切りに、１７７３（安永2）、７４（安永3）年に家臣延べ1万３０００人を動員して新田・新畑開発が行われた。さらに、耕作者がいなくなって荒廃した田畑の復興も進められた。

鷹山の時代に、米沢平野はほぼ開発され尽くしたと伝えられている。このように藩を挙げて経営の基礎となる年貢米の収入を増加させ、安定させる努力を継続した。

（5）灌漑用水の開発

新田・新畑開発を行い水田の生産力を高めるには、灌漑用水路の開発が不可欠である。米沢藩の成立期には多くの用水路が開削されたが、その後大規模な用水路工事はほとんど行われなかった。

鷹山のリードのもと、農業振興のために藩事業として大規模に実施された。そのうち主なものは、「黒井堰」と「飯豊山の穴堰」の開発である。この成果として、田畑の造成と生産の安定に大変な恩恵をもたらし、農村の繁栄を促進した（横山、前掲書、238-243頁）。

●「黒井堰（くろいぜき）」

水不足に苦しんでいた北条郷（現在の山形県南陽市などの地域）は、肥沃だが水の便が悪いため、水を確保するために藩と農民が一体となって農業用水路を開発した。松川上流より長大な新堰を開削、長さは約32ｋｍと大規模である。6年間にわたる大工事の完成までに、人夫数延べ10万6000人、大工職人約1万人を数えた。

この実現を建議し、遂行したのは黒井忠寄（ただより）であり、その姓にちなんで「黒井堰」と命名された。1794（寛政6）年着手、6年後に完成。

●「飯豊山（いいでさん）の穴堰（あなぜき）」

飯豊山（標高2100ｍ）は、置賜（おきたま）盆地の西南にある高山で、そこから発する2つの川は、白川と玉川である。白川は水量が少なく、夏は渇水で中部の奥田・大舟両村は水分不足に悩まされていた。そこで、水量の豊富な玉川の水を白川に引き込むことになった。1799（寛政11）年に着手したが、積雪のため年4か月工事中止、硬い花崗岩などから難工事となり、完成は19年後の1818（文政元）年であった。

この案を建議したのも黒井忠寄である。工事は長期間に及んだが、「黒井堰」とともに、水田の開発と生産の安定に計り知れない恩恵をもたらし、農村の繁栄に貢献した。

(6)「農民伍什（ごじゅう）組合」の設置

農民の相互扶助制度である五人組を基本単位として、重層的に整備した。すなわち、五人組、十人組、一村、組合村と、五人組からしだいにその責任範囲を拡大する仕組みである（横山、前掲書、234-237頁）。

農民伍什組合設置の第一の目的は、伍什組合を中心にして、年貢完納を期して、連帯責任の整備と拡充を図ることだった。第二には、さまざまな契約組（宗門組、若衆組、天神講等）を改廃して伍什組合単位に整備し、実施を図った。これらは、農民が村落生活を円滑に過ごすための必要性から自主的に結成した共同体である。

一方、農民伍什組合と同時に「町方伍什組合」も結成され、五人組、十人組および一町村の連帯責任と相互監視の必要性が強調された。

（7）勧農金貸付制度の促進

窮民に対しては、勧農金貸付制度を設けた。勧農金の元金は、越後の渡邉家、酒田の本間家から借り入れ、通常よりも低利で農民に貸し付けた。この資金は、農具代、家作料、身代金返済など一時的な生活の扶助として大変便利であった。このように、勧農金貸付制度は、農民の定着と生産力の回復に貢献した（横山、前掲書、230－232頁）。

3．産業開発と新規事業

農村改革とともに重要なことは、米作一辺倒であった農作物を多角化する領内の物産開発である。これらは、鷹山のリードのもと、重臣たちが産業開発と新規事業を開始して、国産品の奨励と財源の回復を推進した。

（1）漆・桑・コウゾ・ウコギ栽培

1775（安永4）年、「漆・桑・コウゾ各100万本植立て計画」により植え付けを開始した。これは、郡中の空地、家中屋敷・町屋敷のほか、社寺地などに植えた。植立て費用は藩が支給し、枯れ木になれば補充し、成実すれば一定の値段で藩が買い上げた（横山、前掲書、

86－92頁）。

漆

漆は、実から塗料や蝋が採れる。藩では、漆樹１００万本の栽培に特に力を注ぎ、蝋製造所で藩買い上げの木の実を精蝋し蝋燭（漆蝋〔ろうそく〕）を製造したことから、一時的に良い財源となった。その後、蝋燭市場において西日本製造の別の蝋製品との競争が激化するなど変化に対応できず、持続的には拡大できなかった。

桑の栽培と養蚕業の奨励

桑の栽培は養蚕業を盛んにし、絹織物の発展とともに最も重要な産業になった。１７９２（寛政４）年、国産所を再興して蚕桑役所を設置した。藩による桑苗木の購入、農民への無料配布や桑畑開発料などを貸し付けた。

米沢産の麻織物は本場の品に追いつかず、市場の評価が思うようには上がらなかった。絹麻混交織物を開発するなど、試行錯誤を経て、ついに高級絹織物「米織」（米沢織）の開発に成功。産業の主力となり、その販売を支えた。

米織の生産では、鷹山自ら国産所の運営資金を下付するなど奨励し、側室をはじめ、家中の女性たちも養蚕、機織りに励んだ。このように、藩全体が一丸となって実施したのが特色である（横山、前掲書、246-247頁）。

全藩挙げての生産・流通に励んだことから、「米織」は人々に経済的な潤いをもたらした。「米織」産業は、財政再建の大きな原動力となり、その後200年近くにわたり経済を支える柱となった。この間、鷹山は、最後まで高価な絹織物に袖を通すことなく、すべて安価な木綿を使用していた。

●コウゾ

コウゾ（楮）は、みつまた（三椏）、雁皮などとともに古くから和紙の原料として使われてきた。コウゾは栽培が容易で毎年収穫できる。障子紙、美術紙、奉書紙など幅広い用途に原料として使用されている。

現在でも「深山和紙」として受け継がれ、漂白剤などの薬品を入れず、自然な柔らかい白色である。紙質は、柔軟性と耐久性、通気性に優れ、江戸時代から保存文書、通信記録などに使用されている。現在は、山形県の無形文化財に指定されている。

●ウコギ

ウコギは、ウコギ科の植物で、中国原産であり、最初は薬用として日本に持ち込まれた。米沢地方では、古くから食用を兼ねて庭や垣根に盛んに植えられた。鷹山がウコギの垣根や旬の野菜として食することを奨励した。現地で見ると、現在も多くの家々にウコギの垣根がある。

春から初夏にかけての新芽がおいしく、おひたしをはじめ天ぷら、ウコギご飯など、さまざまな料理法で食べられた。このように、食用ウコギを栽培し、少しでも自給しようとしたものである。

ウコギはビタミン、ミネラル、カルシウムのほか、ポリフェノールなども多く含まれていることから、近年、健康食品としても注目されている。

（２）国産品・特産物の奨励

積極的な国産品奨励の目的は、藩の財源の確保と回復であり、同時に農村の復興を図ることであった（横山、前掲書、２５５–２６７頁）。

●青苧（あおそ）

米沢藩の特産物、青苧は、国産第一の作物であった。全国の麻織物業の中心である奈良晒や越後縮の原料供給地として盛んであった。そこで、原料生産にとどまらす織物加工業を開発することが求められた。藩では、縮(ちぢみ)布製造場を設け、越後、信州から加工技術を導入して縮布製造を発展させた。

その後、綿織物が発展したため、青苧の需要減退と価格下落などがあったが、蚊帳、夏衣服、裃(かみしも)などの縮布の供給地として存続した。

●鯉の養殖

山形の内陸に位置する米沢では、魚の入手が困難なため動物性タンパク質が不足していた。鷹山は、先進地・相馬から稚鯉を取り寄せ、自ら鯉の養殖技術を学び養殖を始めた。さらに米沢城の濠で育てはじめ、家臣たちにも屋敷内に池を掘らせて養鯉を勧めた。

このように鷹山が奨励した養鯉により、コイ料理の文化が発展。滋養に満ちた味わいの甘煮をはじめとしたコイ料理は、祝い事の一品として地元に根づき、米沢の食文化の歴史を伝える郷土料理として今も受け継がれている。

●塩

米沢藩には海がない。しかし、塩は人間が生きるためには不可欠なものである。領内の小野川村に湧き出る温泉が含硫黄ナトリウムカルシウム塩化物の泉質をもつことに着目して、これを精製して塩を製造した。仙台から職人が招かれ、小野川村に製塩所が開設された。

その後、他国の塩に押され、衰退した。

●成島焼（陶器）

１７７８（安永７）年、瀬戸焼の生産が試みられ、成島に窯をつくり、生産に成功した。これは「成島焼」として、藩の御用窯として栄え、日用品を中心に生産され、藩内の需要に応じた。一時は藩政を支えるほど潤いをもたらしたが、近代に入り衰微し、廃窯となった。

その後、１９７０年代になり再興している。

●笹野一刀彫

笹野に伝承する郷土玩具であったが、鷹山が、豪雪に閉ざされる冬の副業として指導、奨励したことから、技術が磨かれ現在まで伝統玩具として継承されている。

主な商品名と由来は次のとおりである。
①お鷹ポッポ…商売繁盛、②鶏…早起き千両、③恵比寿大黒…福神の守り神、④餅つき兎…兎のように努力する、⑤亀…長寿の御守り、⑥ふくろう…幸せを呼ぶ鳥、⑦セキレイ…子孫

笹野観音堂にある笹野一刀彫の銅像

筆者撮影（2019 年）

繁栄。

４．鷹山の隠退と改革の成功

（１）鷹山の隠退

１７８５（天明５）年、鷹山は藩主を満34歳で隠退した。第10代藩主・治広は20歳であった。鷹山は、隠退するに際して、治広に３か条の藩主心得を贈った。これは、第１章で紹介したように「伝国の辞」と呼ばれている。代々の米沢藩主に受け継がれ藩政の基盤となった。

このような若い隠退には、前藩主・重定が元気なうちに実子である治広に家督を譲り、恩義のある重定に報いたいとの気持ちが鷹山の胸中のあったといわれている。さらに、幕府から、「今後も藩政の指導にあたるように」との命令を受けたこともあり、10代治広・11代斉定の時代に、藩主の後見の立場から「藩政改革に専念し指導を続けた」ことが、改革の成果に結びついたと推測できる（小関、前掲書、50‐60頁）。

（２）上書箱

鷹山は隠退後も１７９０（寛政２）年に、改革推進のため熟慮のうえ、広く家中に意見を求めた。上書箱（意見箱）が追手門前の政事所脇に設置された。意見のある者は、家臣や農民・町人など姓名および押印などして上書した。上書の開封は、月2回（1日と15日）行われるなど、重要視された。

同時に、1年間の会計帳（歳出入予算「会計一円帳」）を公開したため、これに感激して340余通の上書が見られた。これらは、江戸在府中の藩主・治広の了承を得て、鷹山が指揮をした（小関、前掲書、62頁）。

（3）鷹山の改革に対する姿勢

鷹山は、生涯にわたり儒学者・平洲を師として尊敬している。平洲の学問の特色は、「実学」であり、現実社会や生活に役立つことである。このような道徳修養や政治・経済に対す儒学の理論と思想を基盤にして、「実学」として生かし米沢藩の改革を実現したと伝えられている。

鷹山は、藩政改革の理念や目的を設定し、さまざまな場面で藩士に藩の実態を説明するなど情報の共有化が図られている。そのうえで、現場の意見を尊重し、指示や命令ではなく藩士の協力を要請している。実際の執行は、複数の重臣に任せ、鷹山はすべてをリードするなど支柱となっている。

米沢藩の人口は、鷹山が藩主になる前の1761（宝暦11）年に約9万9000人まで減少、その後1776（安永5）年には約12万1000人まで回復し、その後大飢饉により一時落ち込んだが、1853（嘉永6）年には、12万3000人と増加しており、改革の成果として評価されている（遠藤、前掲書、178-180頁）。

本章における農村復興と改革、産業開発と新規事業を見ると、鷹山が藩主でありながら柔軟な発想と積極的な行動力で、率先垂範し改革を推進している。鷹山は、他人へのいたわりや思いやりをもち、誠実な人柄であったと深く思うのである。

5. 鷹山と現代の企業経営

ここでは、改めて本章のテーマ「鷹山と農村改革、産業開発、新規事業」全体を通して現代の企業経営を考える。第2章2節の「鷹山のリーダーシップ」、および3節の「優れたトップリーダーの条件と資質」でのまとめを踏まえて、藩経営の思想的背景を以下のように大きく4つに分け、その一つひとつについて現代の企業経営との関連を見ていく。

(1) 利他（「人材登用・育成」と「権限委譲」）

サーバントリーダーシップの基本精神は「奉仕者」と記したが、これらは鷹山の「人材登用・育成」と深くかかわっている。鷹山の人材登用においては、藁科松柏、竹俣、莅戸（のぞき）善政、木村高広、佐藤文四郎といった人材がいた。これらはみな、藁科松柏の書斎（いわば私塾）に集って研鑽を重ねた人々であった。つまり、人材は登用するがさらにそうした人材を育成していることも高く評価できるのではないか。また、藁科松柏、竹俣らが招へいした江戸の儒学者・平洲もその最たるものといえる。

現代の企業経営で見ると、たとえば、ＳＢＩホールディングス株式会社という企業グループがある。ここでは、広く人材を登用（いわゆる中途採用）するのみならず、人材そのものの育成を行っている。ＳＢＩ大学院大学設立の意図は、**図表5－2**のとおりである。

筆者は、この企業および企業活動の実践者・北尾吉孝（ＳＢＩホールディングス株式会社代表取締役社長ＣＥＯ）と直接の面識はないが、鷹山を彷彿とさせる何かを感じ取っているものである。

さらに、「権限委譲」においても同様の精神を見ることができる。

鷹山治政のなかでは、この権限委譲が実に有効に行われたことがうかがわれる。前出の殖産政策実行における組織形成と権限委譲が挙げられる。殖産政策の推進を任された竹俣は、まず組織としての「樹芸役場」を設置し、総頭取として吉江輔長を任命するとともに、その傘下に漆方、桑方、コウゾ方を中心に十数人の役人を任命した。そして、徹底した現場指導のうえ

図表 5-2 SBI 大学院大学設立の主旨

SBI 大学院大学は、志あるビジネスパーソンを対象に、日本及び世界の経済・社会に活力をもたらす「有為な人材」を育成することをその活動の主眼とし、「確たる倫理的価値観と判断力・実行力を伴った見識・胆識を具備した人材」「一部門・一企業の利益に貢献するだけではなく、広く経済・社会に貢献しようとする高い志を有する人材」「ビジネスにおける高い専門性を備えた人材」「国際的視野を持った人材」を輩出することを目指しています。 多彩な教授・講師陣を迎え、経営分野に関する実務教育のみならず、『論語』や『兵法書』などに代表される中国古典などの授業を通じて、これからの企業経営者やリーダーに欠くことのできない倫理的価値観や人間力を涵養し、幅の広い徳育を推進することで「人物」の育成を図ります。

出所：SBI ホールディングス株式会社ホームページ
（http://www.sbigroup.co.jp/）

で、責任・権限委譲を行うことに加え、競争的手法を駆使しながら大きな成果をあげることに成功している。

短期間の財政改革実現にとって、最も有効な施策であったことは論を待たない。また、ここでも確認すべきことは、そうした大きな功績を残した竹俣といえども、時間の経過とともに驕慢な存在となりつつあるところでは、「竹俣押込隠居」を決行し、自らも隠退（引退ではなく）と称して藩主の交代を進め、養父でもある重定の子・治広（実子誕生前に養子として迎えた）に藩主の座を渡していくのであった。

現在の企業経営においても権限委譲の大切さはよく語られるところである。重要なのは、単に権限を部下に預けるのではなく、トップがいかにその事業分野を理解し、そのうえで適所適材の配置と権限委譲ができるかということである。

かつて複写機メーカーの三田工業を、計画期間9年に対し、わずか2年で再建し、その後、日本航空の無報酬会長としてその再建にあたり、これまた短期間で大きな成果を残した現代の名将・稲森和夫の経営手法「アメーバ経営」なども、権限委譲と競争意識の強化がその最も重要なポイントであった。

(2) 創造(創造性の発揮)

前項でもその殖産政策について記したが、これも大きな創造性の発揮であることは言うまでもなかろう。一方、鷹山の招へいにより米沢藩に抱えられた平洲に師事した金子伝五郎の「出役下懸り」への任命などは、その学問の才を認め適職に就かせることで、農業生産性を飛躍的に向上させた。これらは、いわば人材活用における創造性の発揮の成果といえよう。

先に記載したSBIホールディングスも大きく成長しているが、これらは資本と経営の分離を創造的にとらえ、優秀な企業、また優秀な技術者、優秀な経営者をさらに大きく成長させている。いわば創造性それ自身をビジネスとして、さらに拡大成長を遂げようとする企業活動が始まっている。

(3) 共感(「情報収集と公開」「コミュニケーションの活性化」)

鷹山の改革の歴史をたどるなかで、重要な点のもう一つが、より正確な情報収集とその公開である。多くの例が挙げられるが、一つは「七家騒動」における「七家言上書」に対する鷹山の姿勢にそのことがうかがえる。その言上書に記載された事柄一つひとつに対する徹底した事実調査の指示である。当然といえば当然であるが、今でいう三現主義の徹底である、言上書に記載のある事柄に対し、すべて徹底した現地調査による真実の究明とその開示がある。最近はやりの忖度にもとづく報告書の捏造などとは大きく異なる。

また、殖産政策の実施でもそのことがうかがえる。「地の利を尽くす」、すなわち、どのような場所に、どんな作物が適するかの事前調査とその開示によって、その地の農民たちが安心してその作付けから育成、収穫につなげるかをきちんと理解して進めるからこそ成果があがる。

現代の経営に引き戻して考えると、このことはさまざまな局面で例示することができる。これまで大きな実績をあげてきた企業も、この世紀に入り、特にその経営環境の厳しさは増大している。

たとえば、過去からよく取り入れられた「多角化経営」という経営手法がある。外観的には同じように見えるこの多角化についても、本質を見誤った場合の成果は大きく異なることが明白になりつつある。それは、一般に同業種を展開する企業間の格差という形で表れている。事業計画の立案・遂行にあたっての情報収集力とその解釈力、さらにはその開示とそこからの発想力と集中力の差であろう。例を挙げると、いわゆる新規事業の展開について、その大胆な開始と、継続または終息の決断が同業者間の格差につながることは明記すべきであろう。

さらに、「共感」にもとづくリーダーシップで重要なのは、「コミュニケーションの活性化」といえよう。鷹山のコミュニケーションのすばらしさはさまざまな逸話に見ることができる。代表格ともいえるのが、いわゆる「老婆の手紙」と言われるものである。ポイントを述べるならこうだ。

夕刻、百姓の老婆が、干した稲束の取り入れ中に雨が降り困っているところを見て、鷹山は同行者とともにこれを手伝った。そのお礼の届け先を聞かれ、殿様のお屋敷北門を教えた。後日、お礼としての「福田餅（稲刈りの手伝い人への返礼として用いられた）」を届けに来たこの老婆の勤勉さを褒めたたえ、家族に足袋を遣わしたとの逸話である。このことは、鷹山が身分の分け隔てなく、さまざまな立場の民ともコミュニケーションを行うことを旨とする。その精神は、第1章で紹介した「伝国の辞」に記された3か条にも垣間見ることができる。

コミュニケーションの活性化という点で見ると、現代の経営でも、優れた業績を継続してあげている企業には、その大小を問わず実践されているものと理解している。

『日本でいちばん大切にしたい会社』（坂本、２００８）に登場する会社、たとえば、日本理化学工業株式会社や伊那食品工業株式会社、中村ブレイス株式会社、株式会社柳月、杉山フルーツなどの多くは、その経営層のコミュニケーション活性化策がその経営上の重要ファクターとなっている。これは、数万人、数十万人規模のグローバルカンパニーにおいても重要な要素となっている。たとえば、事業所訪問やトップミーティング、タウンミーティング等、いろいろな名称や形式で実施されており、その質が結果（経営成果）にも表れている。

（4）胆識（「ビジョンの明確化」と「リーダーシップの発揮」、「意識改革」）

４つ目として「胆識」を挙げたが、これにはまず「ビジョンの明確化」が挙げられる。

鷹山は藩政改革にあたって「ビジョンの明確化」を行っている。現在の企業経営、とりわけ経営計画の策定にあたって、各企業は概ね「ミッション」「ビジョン」の策定、または確認・見直しから始めるのが常道になっている。２０００年代に入ると、これに「クレド」（Ｃｒｅｄｏ：信条・行動指針）を加える企業も増加してきたと理解している。その背景としては、懲りずに多発する企業不祥事が大きな契機となっている。

鷹山はその藩政改革、とりわけその土台となる藩財政の立て直しを「ミッション」と考えたのであろう。そして、その実現のため「ビジョン経営」を行った。

また、これを実現するために、ある意味自然に自身の「クレド」を作ったのではないだろうか。筆者はそれが鷹山の「倹約思想」だと考える。

すなわち、21世紀の経営において重要視されはじめている新たな経営スタイル「クレド・ミッション・ビジョン」経営であろう。彼は、江戸時代中期において現在進められている新たな経営手法、あるいは経営計画の立案を行った人物といえる。

最近注目されはじめたジェームズ・コリンズとジェリー・ポラスの『ビジョナリー・カンパニー』の先駆けとさえ映るが、少々深読みが過ぎるであろうか。

ちなみに、この『ビジョナリー・カンパニー』では、その体現企業として3M、アメリカン・エキスプレス、ボーイング、GE、IBM、ジョンソン・エンド・ジョンソン、マリオット、メルク、P&G、ソニー、ウォルト・ディズニーなどが挙がっている。また、ビジョナリー・カンパニーの定義（条件）として、以下の6点を挙げている（Diamond on line「ビジョナリー・カンパニー」）。

・業界で卓越した企業である
・見識のある経営者や企業幹部の間で、広く尊敬されている
・私たちが暮らす社会に、消えることのない足跡を残している
・最高経営責任者（CEO）が世代交代している
・当初の主力商品のライフサイクルを超えて繁栄している

・1950年以前に設立されている

この定義に米沢藩を当てはめることにはさすがに無理があるだろう。が、当時の米沢は、その藩政において、図表5－3のとおり、いわばビジョナリー・カンパニーの定義に十分かなっていたともいえるのではないだろうか。

次に、胆識の要素として位置づけた、「リーダーシップの発揮」であるが、鷹山のリーダーシップは、藩主就任時における大倹の実施（倹約令）に見ることができる。

この折、プロローグや第1章などで述べたように、鷹山自身、春日社への誓詞や白子神社への誓文奉納、さらに続く自らの藩主仕切り料1500両を世子時代の209両への据え置き、奥女中50余人を9人に減員するなど、大胆な改革を断行し、文字どおり改革・倹約のためのリーダーシップを発揮した。

ドラッカーは、「リーダーシップの基礎とは、組織の使命を考え抜き、それを目に見える形で明確に定義し、確立することである。リーダーとは、目標を定め、優先順位を決め、基準を定めそれを維持するものである。もちろん、妥協することもある」と定義している（ドラッカー、訳本、2000）。これと比肩してみても鷹山は現代に通じるリーダー、指導者と見ることができる。

胆識のもう一つの視点「意識改革」について、鷹山にとっても、このテーマは至難の業では

図表 5-3　ビジョナリー・カンパニーの定義と鷹山の藩政との相関

＜ビジョナリー・カンパニーの定義＞
①業界で卓越した企業である
②見識のある経営者や企業幹部の間で、広く尊敬されている
③私たちが暮らす社会に、消えることのない足跡を残している
④最高経営責任者（CEO）が世代交代している
⑤当初の主力商品のライフサイクルを超えて繁栄している
⑥1950 年以前に設立されている

⇔

＜鷹山の藩政＞
①卓越した藩経営を行った
②寛政の改革において将軍からも表彰された
③現在にまで鷹山の名君ぶりが語り継がれている
④晩節を汚すことなく早々に責任者を交代して幕末まで米沢藩は存続した
⑤殖産政策への取り組みとして、漆、桑、コウゾ各 100 万本植立てを計画（竹俣）、実践した
⑥藩主就任は 1767 年でもちろん 1950 年以前の話

出所：筆者作成

なかっただろうかと思うことがある。「三つ子の魂百まで」の諺を待つまでもなく、人そのものや人の意識を変えることは並大抵ではない。鷹山の藩政改革を通して、最も厳しい出来事はそのことを物語っているといえよう。奉行の千坂高敦（ちさかたかあつ）を中心とした一部の家臣の改革諸政策への反発として表面化した「七家騒動」がそれを最もよく物語っている。

そのことを考えるとき、近時のさまざまな不祥事を起こす企業や、不規則発言で政治生命そのものを危うくする政治家を見ていると、そのことがよく理解できる。

そうした企業では、多くの不正も不祥事もその実行者にとってはすべて正当化され、本質的な意識改革が達成されないまま、次のステップに移行し、そのまま事業が継続されて

しまうから再発するのであろう。とりわけ従来から〝国の基幹産業〟との意識の強い企業ほどその傾向は強いと言わざるを得ない。歴史のある企業、基幹産業を担う企業においても、もちろん例外的にそのような状況に陥ることのない企業も多い。

企業においても個人（たとえば政治家）においても、最も重要なことは、その「志」、すなわち、「クレド」「ミッション」「ビジョン」をいかに明確に、またわかりやすく浸透させ、自らを含めた意識改革ができるか否かにかかっている。「泣いて馬謖を斬る」という故事がある。まさに組織においては、そのがん細胞自体を切除するという強い決意が重要であろう。

以上、鷹山と現代の企業経営の観点から大きく４つに分けて考察した。

（田中宏司・河口洋徳）

【第6章】鷹山と地域開発、社会貢献

1．鷹山の地域貢献実績

(1) 鷹山が上杉藩主となった頃の米沢藩の状況

鷹山が上杉藩主となった頃、米沢藩は非常に厳しい状況に陥っていた。民百姓は生活するのに十分な収穫が得られず、厳しい年貢の取り立てに耐えられないことなどから、耕作地を放棄して他国に逃れるなど、藩の人口が減少していた。その結果耕作地が荒廃し、残された村人の負担が増大し、そしてそれがさらなる人口の減少をもたらすといった悪循環が生じていたのだ。また、俸禄支給の大幅削減が固定化していたことから藩士の不満が高まり、家臣団の統制も揺らぐ兆候が見えはじめていた。さらに、金主（借入先）との信頼関係が崩れ、必要資金の調達が容易ではない状況に陥っていた。

この背景には、農民（生産者）に対する武士（非生産者）の比率が極めて高かったこと、それにもかかわらず、名門上杉家の格式を重んじて、藩主や上級武士が生活習慣を改めなかったことなどがある。

米沢藩の置かれた状況に対して、竹俣や莅戸善政をはじめとする多くの藩士が危機意識をもち、これらの多くの藩士の協力の下に実施されたのが、鷹山の一連の藩政改革である。これらは鷹山を頭（ヘッド）として、鷹山のリーダーシップの下で成し遂げられたものであることから、本章では、すべて鷹山の実績と理解して論を進めることとしたい。

（2）鷹山に求められたこと

厳しい状況に陥っていた米沢藩の藩主として、鷹山が行わなければならなかったことは、一言でいえば、藩の運営（経営）の正常化である。江戸時代の藩は、あたかも一つの国のような存在であり、藩主は運営にかなりの自主性と責任をもっていたのだ。

まず、民百姓や藩士の生活が成り立つようにしなければならない。凶作や飢饉の時にも対応できるように、米穀・金銭を貯蔵しなければならない。そのためには、まずもって平時の農業生産力の向上が必要となる。そこで、前章で検討した産業開発や農村改革、そして本章のテーマである地域開発が、鷹山の改革として進められることになった。

ここで留意すべきは、鷹山の改革はすべて藩内の民百姓や藩士の生活向上を目的としたものである点である。これは、藩の生き残りのために行われたともいえる。すなわち、自らを助けるための他者への支援、社会貢献であった。

（3）鷹山の改革

すでに第1章で詳しく説明したように、鷹山の改革は、竹俣を中心として実行された明和・安永の改革と、その後に莅戸善政を中心として実行された寛政の改革に区分できる。このどちらも試行錯誤の連続であり、苦難の改革であった。

えてして改革には痛みが伴い、その痛みは偏在する。また改革が成果をあげるには時間がかかる。関係者が、足元の苦労を耐え忍べば必ず成果があがること、そして改革は関係者全員の利益になることが確信できないと、なかなか改革は進まない。

鷹山は、リーダーとして率先垂範し、そして民百姓や藩士の心に働きかけて共感を醸成しつつ、皆をリードしていった。すなわち、自らは節制・倹約し、その一方で「民の父母」として、民百姓や藩士の生活が成り立つような「仁政」を実施し、さらに藩主自らが努力している姿を意識的にアピールすることによって、民百姓や藩士の協力を得た。これが鷹山の改革が、試行錯誤の結果ではあるが、成果をあげた最も大きな理由である。

（4） 具体的事例

ここで、鷹山の地域開発と社会貢献に関する具体例をいくつか見ていこう。

●地域活性化

まず、地域活性化のための農業の強化である。農民の町家への奉公を禁じるなど農民に対する統制を強化する一方で、年貢の取り立てを緩和するなどの農民保護策を講じた。そして、農家人口の増加のため農民の早婚を勧め、極めて厳しい状態にある者に対する養育手当の支給などの対策を講じた。

また、藩士の次男、三男の土着を奨励した。この時代、武士の長男以外は跡継ぎのない武家の養子になるほか自立の道はなく、養子の口がなければ、一生、長男に扶養してもらうのが普通だった。自立するために土着の農民になることを奨励し、対象者には農地を与えるなどの便宜を図った。これらによって農産物の産出高の拡大を図ったのだ。

●飢饉への対応

飢饉への対応も重要である。凶作・飢饉に備えて米穀や金銭を貯蔵する義倉が、1774（安永3）年以降、備籾蔵（そなえもみぐら）として、藩士や民百姓のために城下や農村部に次々と建設された。

これにより、たとえば、1782（天明2）年から1788（天明8）年にかけて発生した、天明の大飢饉による悪影響を回避することができた。

また、飢饉が長期化することに備え、第1章でも説明したように、飢饉の際に食べられる食物などの代用食（救荒食）の知識を広めるため、鷹山の命により、『かてもの』（救荒食のガイドブック）が1802（享和2）年に刊行され藩内に配布された。これは、価値あるものを新たに生み出すイノベーション、創造の一例といえる。これにより、たとえば、1833（天保4）年から1839（天保10）年にかけて発生した、天保の大飢饉による悪影響を回避することができた。鷹山没後のことであるが、人々は鷹山に感謝したという。

●外部貨幣の獲得

農業を強化して民百姓や藩士の生活を安定させ、また、飢饉に備えたとしても、それだけでは足りない。参勤交代や江戸での生活のために外部貨幣が必要だからである。余剰の米穀が産出できない場合には、外部貨幣を獲得するために、藩外に販売できる魅力のある産品を生みださなければならない。

鷹山が目をつけた産業の一つに、前章でも紹介した縮（ちぢみ）布製造がある。1776（安永5）年に越後松山と信州から専門の職人を招へいして縮布製造所を設置し、下級武士の婦女子を働き手として、これを特産品に育て上げた。その後、養蚕が盛んになると、伝統の織り方を引き継ぎながら原料を絹糸として、高い品質の米沢織に進化したのである。これも、鷹山が行ったイノベーション、創造の一つの事例といえよう。

（5）鷹山の改革の特徴

なぜ、鷹山の改革が、紆余曲折を経ながらも、最終的には成功といえる成果を出せたのか。まずいえることは、私利私欲なく、自らは清貧な生活を送り、「民の父母」としての務めを懸命に果たそうという鷹山の「利他」の姿勢が、多くの共感を得たからである。これには家臣団の演出もあった。

では、大藩の藩主でありながら、なぜ鷹山は率先して木綿の着物を着て、生活費を前藩主の7分の1にするような節約をして生涯を終えたのか。何が楽しかったのか。そこには、鷹山の強烈なお家再興意識、養子としての使命感があったといえる。

すでに検討したように、鷹山の目的は藩の再興であり、鷹山の地域開発や社会貢献も領地内に限ったものである。地域開発や民百姓や藩士の生活向上に尽力することは、結局お家再興につながる。すなわち、鷹山の地域開発や社会貢献は自らを助ける（お家を再興する）という意味をもっていたといえる。

図表 6-1　鷹山の改革の特徴（本章に関連する部分）

①　強烈なお家再興意識、養子としての使命感
②　領地内を対象とした社会貢献
③　生産者の増大と非生産者の削減（組織のフラット化）

出所：筆者作成

また、鷹山は、藩士の次男、三男の土着の奨励、縮布製造所での下級武士の婦女子の活用など、生産者を増やして生産者に対する非生産者の比率を低下させる施策を採用している。もともと上杉藩では、これまでプロローグなどで紹介したように、15万石の身ながら、豊臣政権下での上杉120万石時代の藩士を抱えていたため、生産者（農民など）に対する非生産者（支配者としての武士）の比率が極めて高く、それが上杉藩窮乏の根本原因であった。鷹山は、下級武士に寄り添い下級武士の理解・共感を得ながら、これを是正していったといえる。

以下では、これらの鷹山の改革の特徴を、現在の企業などに当てはめて、鷹山の教えの意味について考えてみたい（図表6－1参照）。

2. 鷹山の強烈なお家再建意識　～養子としての使命感～

(1) 養子、後継ぎとしての鷹山

すでに第1章で詳しく説明したように、鷹山は1751（宝暦元）年、日向高鍋藩主・秋月種美と母・春姫の次男として生を受けた。実母が若く

して亡くなったことから一時、米沢藩第4代藩主・綱憲の娘であり、母方の祖母であった豊姫（瑞耀院（ずいよういん））の手元に引き取られ養育されていた。

当時、米沢藩主に男子がなく、養子を探していたところ、鷹山の孝心厚く聡明であることを高く評価していた瑞耀院が、鷹山を養子に推薦したことが契機となった。そして、鷹山が第8代藩主・重定の養子となり、重定の世継ぎとなることが決まった。才能のある優秀な男子が選ばれて次代の藩の経営を任されることになったのだ。

鷹山の生家の高鍋藩では、鷹山が養子として米沢藩に入る前、家老で鷹山の養育係でもあった三好善太夫が、養子として上杉家に入る心得や藩主としての心構えを、鷹山に詳しく丁寧に説明し、2通の訓戒書を贈っている。鷹山を養子として米沢藩に送り出すに際して、鷹山が米沢藩に受け入れられて適切に藩の経営ができるように、生家として精一杯の教育をしたといえる。

受け入れ側の米沢藩でも鷹山にかける期待は大きかった。破たん寸前ともいえる厳しい藩の状況を打開する役割を鷹山に期待し、たとえば、江戸家老であった竹俣は、藩主としての心構えをたびたび進言したという。

鷹山を養子に迎えたことは、米沢藩にとって大正解であった。彼なくしては米沢藩の再建はなかったかもしれない。成功の理由は、もともと鷹山が優秀であったことに加え、高鍋藩と米沢藩の重臣たちの期待、そして、それによって育まれた鷹山の養子としての強い使命感である。

優秀な男子を後継者として養子に迎えることは、ファミリービジネスでは現在でも行われている。これは、海外にはあまり例のない、わが国の特徴といえる。養子は、優秀であることに加え、自らの役割を認識して強い使命感をもって企業経営に携わることから、企業を維持発展させる傾向があるのだ。

以下では、最近注目を浴びているファミリービジネスについて概観したうえで、わが国の特徴である養子によるファミリービジネスの継続について考察しよう。

(2) ファミリービジネスの評価

ファミリービジネス(家族経営)というと、どのようなイメージを思い浮かべるだろうか。古い体質、あるいはだらしない跡取りを思い浮かべるかもしれない。たとえば、かつて、大王製紙創業家の3代目が、東京大学法学部を卒業後、家業を継いで上場企業の社長・会長になるも、マカオなどのカジノにのめり込み、その借金返済のため、100億円を超える資金を大王製紙の関係会社から捻出させ、特別背任の罪で有罪判決を受けた事例は象徴的である。

しかし、この事例はあくまで例外的なものである。世界的に見たとき、ファミリービジネスは極めて長寿であり、業績も優れていることがわかっている。ハーバード大学のデビット・S・ランデス名誉教授は、その著書『ダイナスティ 企業の繁栄と衰亡の命運を分けるものとは』で、金融、自動車、天然資源などでのファミリービジネスの歴史を詳細に分析し、ファミリービジネスの重要性を指摘している（D・S・ランデス、訳本、２００６）。

以下では、ランデス教授の著書にもとづき、世界のファミリー企業の状況を少し考察してみよう。

ランデス教授によれば、世界の企業の大部分は今でもファミリー企業である。EU（ヨーロッパ連合）では、国による違いがあるものの、60～90％がファミリー企業であり、国民総生産と労働市場の3分の2を占めている。米国でも、１９９０年代の中頃のデータによれば、企業の90％以上がファミリー企業で、商品やサービスの半分以上を独占していた。

ファミリー企業が優れている点として、ランデス教授は、その血統からくる秘匿性の保持とブランドを挙げる。すなわち、ファミリー企業のほうが、身内で秘密を守りながら難局を切り抜けることができること、そして、ファミリー企業のブランド（のれん）は買い手に対する保証であり、ファミリー名こそがセールスポイントであるという。また、長期的な視野での経営が可能なことも、ファミリービジネスの利点であるといえよう。

ただし、ファミリー企業の継続性は国ごとに異なる。たとえば、英国やフランスでは、商工業などの実業は高貴な活動とは見なされなかったことから、豊富な資金が手に入ると、ファミリービジネスを継続することよりも、貴族といった上流階級のステータスを追い求める傾向があった。一方で、ドイツや米国では、このような文化の影響はあまり見られない。ドイツでは、技術・科学教育を施して、怠慢な跡取りを改造することを教育の目標としていた。

ランデス教授は、ファミリー企業の弱点として、一族が多産かどうか、その生命の再生産能力にファミリー企業の存続が依存している点を指摘する。そのなかで、日本のファミリービジネスの特徴として、血統に対して寛大で養子縁組みを認める文化がある点に注目している。

(3) 養子によるファミリービジネスの継続

ファミリービジネスの最大の課題は、優秀な後継者の育成である。後継者は男女を問わないが、伝統的には男子が多かったので、ここでは男子を例に挙げよう（現在では女性の優秀な後継者も多い）。そもそも男子が生まれなければ後継者難に陥るし、また生まれるだけではだめで、その男子が優秀でなければならない。

この課題を克服するため、わが国では、歴史的に、養子縁組みによる家督相続が一般的に行われてきた。一方でヨーロッパでは、長子継承を基本とした実子優先の相続が基本とされている、養子相続はまれである。養子によるファミリービジネスの継承は、わが国特有の制度であるといえる。

慶應義塾大学の奥村昭博名誉教授によれば、多くのファミリー企業にとって、血縁関係者への事業継承は本能的なものである。わが国では、典型的には長子相続を原則としながらも、場合によっては、能力のある次男、三男が継承する。また、男子がいない場合には娘婿を後継者とすることや、能力のある養子を迎え入れてファミリービジネスの継続を図る。

では、養子を後継者とすることによって実際に企業業績が維持・向上されるのであろうか。ここに興味深い実証研究がある。京都産業大学の沈准教授は、１９４９（昭和24）年から１９７０（昭和45）年までに株式上場した５３９社のわが国のファミリー企業を対象として、事業承継と企業業績間の関係を分析した。

その結果、非エリート親族（旧帝国大学などの超エリート校の出身ではない通常の親族）が企業経営を承継した場合よりも、婿・婿養子が企業を承継したほうが、事業承継後の企業業績が有意に高かったことが示された。これは、優秀な養子による事業承継の効果・利点を示しているといえよう。

また、よく知られたことだが、自動車のスズキ株式会社は、第2代、第3代、そして現在の会長である第4代とも婿養子である。優れた人材を養子として事業を承継し、事業を発展させた好事例といえよう。３人の養子は、大変な苦労をしながら、織機製作の会社を世界に冠たる

図表 6-2　ファミリービジネスの特徴

利点	弱点
長期的な視野での経営	優秀な跡取りの継続
ブランド（買い手に対する保証）	※養子による弱点克服はわが国の特徴

出所：筆者作成

自動車メーカーに育て上げたのだ。強い使命感がなければ、決して成し遂げられなかったに違いない。

高い能力のある者を養子としてファミリーに受け入れて、ファミリービジネスを継続させる。また養子となった者は、自らの役割期待を踏まえ、強い使命感をもって企業経営にあたる（図表6－2参照）。これらは、鷹山が養子として強い使命感をもってお家再興に全力で取り組んだことと、非常に類似しているといえよう。

3．領地内を対象とした社会貢献

（1）鷹山と英国のCSR

鷹山の地域開発や社会貢献は、藩主として「民の父母」が実行すべき「仁政」や「安民」を強く意識したものである。実態を見ると、領地内の生産性向上などを目的としたものであり、結局、お家再興のためのものであったともいえる。

すなわち、鷹山の社会貢献には、単純に利他の精神や、恵まれた立

図表 6-3 鷹山と英国CSRの類似性

鷹山の地域開発、社会貢献	英国の CSR（勃興期）
・「民の父母」としての高い倫理観にもとづく ・お家再興のための止むに止まれぬ対応	・経営者の倫理観（権限には責任が伴う）にもとづく ・新自由主義政策の実施に伴う社会不安の鎮静化が目的

出所：筆者作成

場から恵まれない者への施しといった倫理観にもとづく社会貢献の面だけではなく、お家を再興しなければならないという、止むに止まれぬ事情もあったのだ。

これは、英国のCSR（企業の社会的責任）勃興期の状況と似ている。英国は現在ではCSRの先進国といわれるが、そのスタートは社会不安への対応であった。そこには、英国の経営者の倫理観も影響している。

ここで少し、英国のCSR勃興期の様子と比較して考えてみたい（図表6－3参照）。

(2) サッチャー政権の誕生

英国においては、1979年のサッチャー政権の誕生以降、市場競争や規制緩和を重視する新自由主義政策が採用され、大きな政府から「小さな政府」への転換が進んだ。そのようななか、社会の不安定化が進み、これに対する止むに止まれぬ対応として、企業によるCSR活動が強化されてきたのだ。

歴史をさかのぼると、19世紀の英国では、産業化や都市化に伴う社会問題に対して、キャドバリー社など、博愛主義的な活動をする企業が存在した。これは、恵まれた立場から恵まれない者への施しといった意味をもつものである。

その後20世紀に入り、特に１９４０年代以降、英国では、大きな政府が標榜された。「ゆりかごから墓場まで」と称される厚い社会福祉制度が確立されるとともに、基幹産業の国有化も進められた。政府が社会保障を主導したのだ。

このように政府の社会保障への関与が強まり、企業に対する期待が減少したことから、企業の社会に対する直接的な貢献は、チャリティーへの参加といった限定的なものにとどまることになった。

大きな政府の政策が維持・推進され、経済成長よりも国民への分配が重視されるなか、英国の民間企業の国際競争力が低下し、国家財政が悪化し、そして、国内経済がかなり疲弊してきた。その結果、英国は１９６０年代から70年代にかけて、「英国病」と呼ばれる厳しい経済状態に陥ることになった。

１９７９年の総選挙で保守党が勝利してサッチャー政権が誕生すると、英国病克服のため、経済成長を重視する「小さな政府」が標榜された。そして新自由主義にもとづく大胆な経済改革が進められた。具体的には、国営企業の民営化、最高法人税率の大幅削減等の税制改革、規制緩和、労働組合活動の制限等が進められた。

これらの政策は、英国経済の活性化を図るものであった。一方で、弱者には負の影響をもたらすものであり、大量の失業問題、都市内部の衰退、そして社会不安の増大を伴うものでもあった。その結果、１９８１年には都市部で暴動が頻発する事態となった。このことが、企業経営者が問題の重要性を認識して、ＣＳＲ活動を拡大する重要な転機となったのだ。

（３）政府の期待と企業の対応

大きな政府から小さな政府への移行に伴い、政府の関与する範囲が縮小して、政府が対応できない部分が増大する。政府としては、規制緩和によって多大なるメリットを受けた企業に、この部分を埋めてほしいという期待が生じる。

たとえば、当時の環境大臣は、英国で革命がなされることがなく、資本主義制度が維持されてきたのは、歴史的に企業が社会的役割を果たしてきたからであること、そして、今まさに、企業が社会的責任を果たすことが、特に求められていることを指摘している。

政府の期待に対して、企業経営者は、主として以下の３つの理由から、ＣＳＲを推進したといえよう。

第一は、企業活動の社会的認可（social license to operate）を獲得するためである。政府の役割が縮小して企業への期待が高まるなかで、また、法人税率が大幅に低下して企業活動の自由度が向上するなかで、企業が社会の一員として社会で活動するためには、従来以上に社会に対する貢献が必要となる。この観点から、企業経営者はＣＳＲ活動を推進した。

第二は、政府による規制強化の脅威である。企業が適切に対応しないと、政府の規制が強化され、その結果、企業活動の自由度が失われる可能性がある。政府による規制強化を避ける観点から、企業経営者はＣＳＲ活動を推進した。

第三は、政府よりも企業のほうが物事を成し遂げる能力を有しており、これを活用すべきであるという企業経営者の認識である。

そして、これらの背景に、英国の支配層・経営者層がもつ「権限には責任を伴う」という理念・倫理観があった。このことは、サッチャーの友人であり、強力な支持者でもあったレイング卿の以下の発言によく示されている。

「私は政府の政策を支持している。それは、自由なビジネスを復活させ、利益が計上されないのであれば企業が破たんするという、規律を復活させた。しかし、自由には責任が伴う。もし、われわれが自由を謳歌し続けたいのであれば、経済の向上とビジネスの成功は、社会的配慮とともにあることを示さなければならない。すなわち、われわれの収益が増大すれば、その分、恵まれない地域や人々の生活環境を向上させるための、われわれの貢献も増大させることが必要である」

（4）ピルキントン社とＢＩＴＣの事例

英国の初期のＣＳＲの代表的な事例として、ピルキントン社の事例と、ＣＳＲに関する企業の団体であるＢＩＴＣ（Business in the Community）の事例を見てみよう。

ピルキントン社は、１８２６年に創業され、ロンドン証券取引所にも上場される大手のガラス製造企業であったが、２００６年に日本板硝子株式会社の傘下に入った。日本にも関係が深い会社である。

ＢＩＴＣの初代取締役会議長でもあったピルキントン氏は、家族経営のガラス製造企業であるピルキントン社のＣＥＯ（最高経営責任者）であった。彼は、画期的なガラス製造技術を導入して企業価値を急速に向上させた。その一方で、工場が必要とする従業員数は新しい技術の影響で減少し、余剰人員が解雇された。

そのとき、ピルキントン社の工場が立地しているセント・ヘレンズは、ピルキントン社の企業城下町であった。このため、同社で大量の人員整理が行われることは、同社に残った労働者にとって、家族、友人、隣人といった身近な者が解雇されることを意味する。このような状況のなかで、同社に残った労働者のモチベーションを維持する必要があった。

この問題を解決するため、ピルキントン社は、地域住民が新しい技術を身につけ、小規模企業を起業することを援助する非営利団体の設立を支援し、同社が事務所、スタッフ、資金を提供した。ピルキントン氏はセント・ヘレンズで行ったことと同様のことを、ＢＩＴＣで行うことを提案したのだ。

ＢＩＴＣは、１９８１年に当初10社の加盟企業でスタートした。ＢＩＴＣ創設の契機は、失業の増大による社会不安と、１９８１年に発生した都市部の暴動である。暴動の中心は、現状に不安を抱く若い英国人であった。

１９８０年代において、ＢＩＴＣは、主として企業・工場閉鎖によって沈滞した地域社会を活性化させるため、地域の企業支援機構をサポートすることに注力した。この時期、企業経営者は、社会的連帯の重要性を認識するとともに、企業や工場閉鎖等による負の影響を見過ごすことによる、社会的コストを認識して活動したのだ。

国営企業の民営化が精力的に進められるなかで、企業のＢＩＴＣへの参加が増大した。これは、ＢＩＴＣに参加することで、企業活動の社会的認可を容易に得ることができたからと考えられる。この結果、１９９０年には、ＢＩＴＣ加盟企業数が優に４００社を超えるまでに拡大した。

ＢＩＴＣの活動は大きな成果をあげた。ＢＩＴＣは、新自由主義政策の実施に伴う社会的混乱を軽減し、新自由主義政策の下での企業活動に社会的認可を与えた。実際、政府と企業が共同出資して、ＢＩＴＣが全面的に支援した地域の企業支援機構は、５万６０００名の雇用を創出し、技能の不足を補うためのトレーニングの場を提供した。ＢＩＴＣの活動に伴い、数万人の従業員が地域社会でボランティア活動を行い、数千人のホームレスが職を得ることができたという。

このように、英国のＣＳＲは、その勃興期において、英国の経営者の倫理観を背景としつつも、新自由主義政策の負の側面を緩和するという目的で進められた。これは、図表６－３で示したように、鷹山が高い倫理観を背景としつつも、お家再興という目的のために、地域開発や社会貢献を行ったこととよく似ている。ＣＳＲの普及には、高い倫理観と必要性の両面が必要なのだ。

４．大きく変動する社会への対応 ～継続学習の重要性～

（１）中間管理職の削減と組織のフラット化

鷹山は、藩財政を根本的に再建するため、生産者（農民など）に対する非生産者（支配者としての武士）の比率を低下させる施策を進めたことは、すでに述べたとおりである。これを現代風にいえば、中間管理職の削減である。

現在は、インターネットなど情報通信手段の飛躍的な向上によって、管理階層の削減（組織のフラット化）と中間管理職の削減が進んでいる。これは、鷹山のときのように意図して達成したというよりも、外部環境への適応から、多くの企業が否応なく対応しているものである。この結果、単なる情報媒介者としての中間管理職が不要になったのだ。

組織のフラット化は、生産者（付加価値を生み出す者）に対する非生産者（情報の媒介者としての管理職）の比率を低下させることによって、労働生産性を向上させることにつながる。その意味で、とても良いことだ。一方で、組織のフラット化は、リーダーや働く者の役割やキャリア形成に大きな影響を与える。

それでは、フラットな組織において、リーダーにとって重要なこと、働く者にとって重要なことは一体何なのであろうか。

（2）リーダーにとって重要なこと

組織がフラット化し、一人の管理職（リーダー）が直接統括する部下の数が増大し、そして働く者の身近に直接の上司がいないようになると、リーダーがメッセージによって、部下に方針を伝え、部下を鼓舞する重要性が高まってくる。特に経営トップのメッセージが非常に重要になる。

この点、株式会社小松製作所（コマツ）のＶ字回復を成し遂げた坂根正弘会長（当時）は、現場を重視し、「見る」「語る」「実行する」のステップを繰り返すことによって、リーダーは言葉に力を持たせることができる、すなわち「言葉力が人を動かす」と指摘する。

リーダーのメッセージの根本には、企業理念がある。企業理念が実際に機能した有名な事例として、１９８０年代に米国で発生したタイレノール事件がある。

この事案は、米国で、ジョンソン・エンド・ジョンソン社（Ｊ＆Ｊ社）が販売する「タイレノール」という解熱鎮痛剤に毒物が混入されて死者が発生した際に、Ｊ＆Ｊ社は自らが被害者であるにもかかわらず、弁明よりも同社の経営理念である「我が信条（Our Credo）」による顧客最優先の理念にもとづき、経営トップと各部署のリーダーが顧客の安全を最優先した真摯な対応を実施した、というものである。その結果、Ｊ＆Ｊ社の社会的評価が以前よりも飛躍的に高まった。企業理念にもとづくリーダーの適切な対応が、危機をチャンスに変えることにつながったのだ。

リーダーが価値あるメッセージを発するためには、自らが学び続けなければならない。これに加えて、リーダーの誠実性（インテグリティ）も重要である。また、リーダーが誠実であることを演出することも重要である。鷹山の改革が成功を収めたのは、鷹山が学び続けたこと、そして、鷹山の真摯な姿勢が多くの共感を得たからである。

この点で反面教師とすべきなのが、日産自動車株式会社のカルロス・ゴーン元会長である。ゴーン元会長は、1999（平成11）年に当時瀕死の経営状態に陥っていた日産に乗り込み、いわゆる「ゴーン改革」によって同社の業績をV字回復させた功労者であり、名経営者と称されていた。改革の過程で多くの従業員をリストラし、取引先企業にも厳しい対応をしたことは、日産の再建のためにやむを得ない措置であったと考えられていた。

しかし、そのゴーン元会長が巨額の報酬を隠ぺいした容疑などで逮捕されたのだ。しかも、保釈中に国外へ逃亡した。逮捕容疑が、法律に違反する行為であったか否かは裁判所の判断を待つしかない。が、報道を踏まえれば、リーダーとしてあまりにも不誠実極まりない人物であったといえよう。このような人物には、誰もついていかない。リーダーになろうとする者は経営倫理をよく学ぶ必要がある。

（3）働く者にとって重要なこと

フラットな組織になると、「部長（という肩書）ならできます」といった古いタイプの中間管理職は不要になる。皆にスペシャリティが求められるようになるのだ。そのようななか、わが国では、欧米諸国と比較してスペシャリティのある人材が不足しているといわれる。その理由の一つに、年功序列的な雇用慣行がある。

わが国では、特に高度成長期以降の大企業において、年功序列的な人事体系が構築・維持されてきた。そこでは、スペシャリストになるよりも管理職になることが優先された。終身雇用や年功序列といった、わが国特有の雇用慣行は、集団としての一体感や安定感を高めることなどにより、わが国の高度成長に大きく寄与した。成功しすぎてしまったのだ。

しかし、この雇用慣行が今や、わが国経済の足かせとなっている。環境に適合しすぎた生物は、環境変化にうまく対応できずに、絶滅するおそれが高いといわれる。また、強いものが勝ち残るのではなく、変化に柔軟に対応したものが生き残るのだともいわれる。このことは、わが国の雇用慣行にも当てはまる。

あまりにも強い年功序列的な人事体系が、若者の若い発想やチャレンジ精神を阻害している可能性がある。ノーベル賞の受賞理由となった研究の多くは、若い時の業績だ。このような若い発想を経験不足という理由で潰してはいけない。また、シニアの活用についても年功序列的発想が阻害している可能性がある。政府はこのほど、企業が70歳まで雇用延長の機会をつくるよう、法律で努力義務を課すことを企図しているが、年功序列的な発想で雇用を延長すれば、若手や中堅社員の意欲が低下してしまう。

では、どうしたらよいのか。働く者は皆、業務を遂行するうえで、何らかのスペシャリティをもつ必要があるだろう。そして、業務のスペシャリストとして活動するのだ。そのために継続学習が必要だ。これには企業が提供するものもある。この点、時代背景は大きく異なるが、鷹山は、学問を修めることが国を治める根源であると指摘し、著名な儒学者の細井平洲を米沢に招へいし、興譲館を再興して、忠良な家臣の育成に努めたのだ。

鷹山の興譲館再興の目的は、藩に忠実な優秀な藩士を育成するためであり、藩運営の秩序を維持するためである。企業も同様に、業務に役立つ有能な人材を育成するために、ＯＪＴ（オン・ザ・ジョブ・トレーニング：職場内の教育訓練）やＯＦＦ　ＪＴ（オフ・ザ・ジョブ・トレーニング：職場外の教育訓練）を行っている。

ＯＪＴは、企業内で日常の業務を遂行することを通じて能力向上を図るもので、日本企業の伝統的な企業教育の手法である。これは、職場内のノウハウを伝承することには優れているが、新しい発想を取り入れることや、新しい発想を湧き出させるようなものではない。

一方、ＯＦＦ　ＪＴは、企業が職場外で学習する機会を提供するもので、代表的なものとして、集合研修や外部の研修機関への派遣などがある。ここで、外部の研修機関への派遣は、誰もが行けるわけではないし、また、外部の研修機関への派遣に企業が多額の資金を投下できるのは、長期雇用を前提としているからである。今後、雇用の流動化がさらに進めば、外部の研修機関に派遣される機会が減少するかもしれない。

企業が提供するキャリアパスや学習機会を通じて、スペシャリティが身につけられるのであれば、それに越したことはない。しかし、そのような機会に恵まれないのであれば、自らが努力する必要がある。すぐにスペシャリティが身につけられるわけではない。このため、自ら主体的に取り組む方法として、社会人向けの大学院で学びなおすこと、資格取得の勉強をすること、任意の勉強会に参加すること、などが考えられる。

資格取得の勉強は、その分野での一般的な知識（すでに確立された知識）を体系的に学ぶのに適している。任意の勉強会に参加するのも刺激的だ。また、社会人向けの大学院は、その分野での先進的な知識を学ぶことに加え、クラスメートとのディスカッションを通じて自らの考えを深めていくことに特徴がある。先人が積み重ねた高度な知の集積を学ぶことは、新しい発想の源ともなり得るものである。わが国の多くのビジネスパーソンが、大学を4年間しか利用していないのはもったいない。大学院の活用の点で、わが国は他の先進国に劣後している。

欧米では、ＭＢＡ（経営学修士）取得のために、仕事を辞めて経営大学院（ビジネススクール）に通うケースが多い。他方、わが国では、過去転職市場が十分に機能していなかった経緯もあり、働きながら通えるビジネススクールが多い。仕事との両立は、チャレンジングだが、得るものも多い。実際、多くの社会人が働きながら勉強を続けている。

鷹山の学問重視の教えを踏まえつつ、大きく変動する社会への対応として、スペシャリティ

図表 6-4　組織のフラット化への対応

リーダーにとって重要なこと	働く者にとって重要なこと
・メッセージの発信（言葉力が人を動かす） ・高い倫理観	・スペシャリティの習得 ・主体的に学習を継続すること

出所：筆者作成

を身につけるために主体的に学習を継続していることが、今後さらに重要になるだろう（図表6－4参照）。これは、自らのキャリア形成や自らがよりよく生きるためにも有効であるといえる。

（林　順一）

【第7章】 鷹山と教育改革、人材育成

1. 細井平洲の教え

（1）尊師・平洲と鷹山の出会い

平洲と鷹山との出会いは、これまで第1章などで述べてきたように、鷹山が13歳の１７６４（明和元）年のことである。日向高鍋藩から上杉家に入った鷹山は、藩医・藁科松柏を通じて平洲に師事し、君主たるべき者の役割と物の考え方を徹底して教えられることとなった。

そのとき平洲は36歳であった。平洲の教えは年少の鷹山に深い感銘を与えた。それ以来、鷹山は生涯を通して、平洲を高く敬った。

初めての平洲の講義は、中国古典四書の一つである、『大学』だった。しかし、『大学』の文章をただ解釈したのではなく、平洲は鷹山に向かって「学問の目的は『実践』の二文字でございます。学理と行動は一つであって、二つではありません」と、熱を込めて説いたという。

これが、これから歴史に残る米沢藩の藩政改革を遂行し見事に成し遂げ、世に「明君」と称

米沢市・普門院の細井平洲（左）と上杉鷹山（右）
筆者撮影（2019年）

される鷹山と平洲の記念すべき最初の講義であった。

鷹山は、平洲に大きなインパクトと親和性を感じたようだ。その後は平洲を尊師と崇め、学問の師匠として生涯の付き合いをすることになる。この中で、第2章でも紹介した「利他」「創造」「共感」、そして「胆識」というリーダーシップの資質を高めていった。

（2）平洲が教えた『君主論』

平洲の思想は、孟子の言葉に要約されている。曰く、「民を貴しと為し、社稷（しゃしょく）はこれに次ぎ、君は軽しと為す」。

社稷とは国家のことである。最も重要なのは領民で、次いで組織としての国家すなわち藩、最も重要度が低いのが藩主である。現代風にいえば、社員あっての会社であり、経営者だということである。この「領民第一主義」とでもいえる主張は、単に建前としてではなく、現実に一貫した実行を伴うことを主張している。鷹山はこの「領民第一主義」を生涯、一貫した改革の基盤としたのである。

尊師・平洲は『貞観政要』による帝王学を鷹山に教授した。「民を視ること傷をみるが如し」（領民の苦しみは自分事だと思いなさい）という言葉に、鷹山は素直に聴き入り涙を流した。鷹山は生まれながらに感受性の強い少年だったようだ。

さらに平洲は、鷹山に対して藩主としての心構え、君主としてのあり方について、君主論を通じても伝授していった。「君主は一国万民に天として戴かれるものですから、天のような『徳』がなければなりません。天の心を自分の心として、人民の父母とならねばならないのが人君の道なのです」と平洲は教えた。

『論語』の一節に「子曰く、政を為すに徳を以てすれば、たとえば北辰の其の所に居て、衆星、之に共うが如し」とある。

現代語でいえば、「政治を司るときに、身につけた『徳』によってあらゆる政策にあたれば、たとえて言うなら、北極星を中心として多くの星たちが周りを回るように人が寄ってきて、自分のために動くようになる」という意味である。

「徳」とは、自己に内在する教養から出てくる香気のようなものである。透き通るような影響力により人は必ず寄ってくるのである。「徳」には、人を寄せつける力があるのである。

この教えで重要なことは、「人の心」と「天の心」を説いたことである。平洲の思想の根本は「性善説」にもとづくものと推察される。

「性善説」とは、「人間の本性（心の核）は善である。その善は共感の気持ちで覆われている。悪の環境によって心が荒んでも本性の善と共感により、荒んだ心も善になる」という思想である。

それでは、心を善で満たすには、どうしたらよいのだろうか。それは個の超越であり、利己主義の放棄であるという。別の言葉でいえば「自己愛の超越」である。自分以上に他人を思いやる心といったほうがわかりやすいかもしれない。

倫理の哲学的根拠は「共感」思想にある。自己中心の考えの否定を基盤としている。他人との共感の気持ちこそが、「人の心」を「天の心」に近づけると平洲は説いたのである。

この「自己愛の超越と利己主義の放棄」こそが、儒教の孔子・孟子がたどり着いた善の心なのである。平洲が鷹山に教えたかったことは、「個人の心」を「偉人の心」と同一化したとき、君主は天のような「徳」をもったといえるのだということであった。

『易経』では、聖人のことを「理を究めて、性（本性）を尽し、天命に至った」という。儒教でいう「本性を知れば天をも知る」と通じる。平洲が中国の古典を丁寧にわかりやすく、鷹山に教える姿が思い浮かぶ。

平洲の教えに応えるように鷹山は、これらの教えを深く肝に銘じたのである。それは満16歳で米沢藩の藩主になってからも、より色濃く、実行に移していった。「天の心」に近づくことは、鷹山にとって天命であり、使命ととらえるに至ったのである。

（3）吉田松陰、西郷隆盛をうならせた『嚶鳴館遺草（おうめいかんいそう）』

第1章でも紹介した、平洲が1835（天保6）年に著した経世済民の書である『嚶鳴館遺草』には、人材の活かし方が明記されている。人を育てる気持ちについて、「菊好きの人の育て方」ではなく、「百姓の菜大根の作り方」が大切だと説いている。学問は実際のために行動に結びつけてこそ、本物の学問である。そして、成果のための適所適材を唱えた。人の強みを活かすことを「君の巻」で語っている。藩主の経営の正当性は人に地位と役割を与え、活かすことである。

『嚶鳴館遺草』は、「学問は、いま生きている私たちに役立たなければならない」という実学の書であると同時に、藩を治める藩主のための帝王学なのである。

米沢・興譲館を訪問した吉田松陰

筆者撮影（2019 年）

後年、マネジメントを発見した人物として知られている経営学者、ピーター・F・ドラッカーはマネジメントの役割として、人材の育成の大切さを説いた。「人の強みに焦点を当て、人の成長に尽力することこそが、マネジメントの正当性を維持するものである」と言及している。

ちなみに、この『嚶鳴館遺草』は、幕末にも大いに志士たちのバイブルとして読まれた。特に、多くの逸材を育てた長州の松下村塾の経営者である吉田松陰も愛読し、座右の銘としたほどだ。「この書は経世済民の書であって、読めば読むほど必ず力量を増す」と言って松陰は門下生にも薦め、読ませた。

また、西郷隆盛に至っては、「民を治めるのは、この一冊でこと足りる」とまで言わせたほどだった。一時期流刑にあった島で、この書にめぐり逢って感動し、「敬天愛人」の思想が西郷の中に構築されていったのである。

明治維新の原動力は、さかのぼれば平洲の思想にたどり着く。事実、松陰は米沢に足を踏み入れている。１８５２（嘉永５）年3月のことである。平洲の思想を具現化した鷹山の教育改革の精神を肌で感じ取ろうとしたのだろう。米沢訪問は、松陰が飛躍するその後のきっかけとなった。日本を動かした松陰の教育の原点が米沢にあったのは興味深いことである。

（４）平洲が鷹山に贈った〝勇気〟とは

米沢藩は、藩そのものが財政難のために瀕死の状態であった。平洲は鷹山に財政再建のために、「藩主は領民の父母」というコンセプトを与えた。鷹山はこのコンセプトを自分の中で理解し、果敢に実行に移していった。補佐役としての平洲の助言をもとに君主・鷹山の改革は見事に成功し、藩は瀕死の状態からよみがえっていくのであった。

その緻密な計画と実行の過程において、平洲は、常に鷹山を励まし、第1章でも紹介したように、「勇なるかな勇なるかな、勇にあらずして何をもって行わんや」と高らかに謳い上げている。この言葉こそが、米沢藩を繁栄に導いた最大の力だったかもしれない。

この「勇」は中国古典の『中庸』から引用したものと推測される。「勇」とは、無謀でもなく、臆病でもない行動、つまり熱くなって見境なく突き進むのではない。かといって、既成勢力に怖じ気づいて妥協するのでもない。中庸の徳として、冷静に計画を立て、味方を増やし、外堀を埋めながら、慎重、かつ、大胆な行動を願ったのである。鷹山は、平洲からいただいた励ましのこの言葉を何度も思い起こし、藩政改革を進めていったのだろう。

先に紹介した経営学者、ピーター・F・ドラッカーは、改革のための優先順位の原則を著書『経営者の条件』の中で次のように言及した。

「優先順位の決定には、いくつかの重要な原則がある。すべて分析ではなく〝勇気〟にかかるものである。第一に、過去ではなく未来を選ぶ。第二に、問題ではなく機会に焦点を合わせる。第三に、横並びではなく独自性をもつ。第四に、無難で容易なものではなく変革をもたらすものを選ぶ」（ドラッカー、訳本、2006、151頁）。

これら4つを選択するには〝勇気〟が必要だと強調した。過去、あるいは問題については、すでに事柄や事象が起きているため、分析は可能である。現在については、たとえば同業他社を参考にすることもできる。しかし、未来や機会を分析することはできない。独自性もまた、他に類例がないため、分析には馴染まない。すなわち、未知なるものへの挑戦である。そこには、〝勇気〟が欠かせないのである。

鷹山が実行した藩財政改革に平洲は「勇あるのみ」とエールを送った。これはドラッカーが言う「未知なるものへの挑戦」、「分析できないものへの対峙」である。まさに「勇あるのみ」なのである。

ドラッカーも企業コンサルタントとして経営者に助言を贈っているが、鷹山に平洲が贈った言葉と同じことを言及している。時代は隔（へだ）てても改革のための真理は不変のようだ。

さらに、ドラッカーは改革のための集中については、「集中とは、真に意味あることは何か、最も重要なことは何か、という観点から時間と仕事について自ら意思決定をする〝勇気〟のことである。この集中こそ、時間や仕事の従者となることなく、それらの主人となるための唯一の方法である」（ドラッカー、前掲書、152頁）と、ここでも〝勇気〟が不可欠だと言及している。

鷹山は、藩財政改革のために「大倹令」を発布した。鷹山が下した意思決定に尊師である平洲は「勇あるのみ」と励ました。今日のビジネス界でよく目にする企業経営の「選択と集中」とは、すなわち、勇気と覚悟の結晶である。

ドラッカーは、集中のための第一原則は、生成的でなくなった過去のものを捨てることだと言及した。「古い皮袋に新しい葡萄酒を入れてはならない」という古い諺があるように、新しい活動をするときには、新たに時間を確保することが大切である。つまり、使える時間には限りがあるだけに、時間を確保するための方法は「捨てること」と「任せること」なのである。成果をあげる人は、常日頃、時間を確保しようと意識している。過去にとらわれることなく、未来に目を向けるためにも必要不可欠なのである。

鷹山の改革も既存の藩の古いしきたりを排除していった。家臣である藩士の業務への固定概念を変えて、家臣の意識を変革させ、業務の改革、そして藩士・領民の心の開拓へと向かわせた。鷹山は、「米沢藩に新しい価値をつくろう」「イノベーションを起こそう」との思いから、どこの藩にも前例のない徹底した過去の廃棄を断行したのである。

前例主義が蔓延(はびこ)っていた名門の上杉家での過去の廃棄は幾多の抵抗を招くこととなったが、終始鷹山は変革への「火種」を絶やすことなく敢行した。選択と集中とは、まさに〝勇気〟そのものであった。

2. 藩校・興譲館の再興

(1) 人材育成の場の創造

鷹山は、学問の振興を藩政改革の柱の一つに考えていた。領民のよき指導者たる人材の育成を目的として藩校の再興がなったのは、1769（明和6）年の米沢初入部から7年目の1776（安永5）年のことである。

米沢藩の初代藩主・景勝の家老・直江兼続や4代藩主・綱憲が設置していた学問所の再興を目指した。政治や経済に実際に役に立つ「実学」が身につく藩校を目指したのである。

藩校「興譲館」の命名は平洲である。興譲とは、譲を興すと読み、恭遜（敬いへり下る）の道を修行することである。出典は、儒教の経典である四書の中の『大学』である。

この興譲館の命名には2つの意味があるようだ。一つは先に紹介した平洲が著した『嚶鳴館遺草』の中に、「建学大意」として「現在の世の中では、譲るという徳が人心から欠けている。これを興すことが何よりも大事である」といって、「譲るという徳を興す」の意味である。

そして、もう一つの理由には、鷹山と平洲の慎重さがよく見えてくる。すなわち、米沢藩には先人たちが苦労を重ねて作った藩校がかつてあったものの、当時には機能していなかった。そこに〝興〟の文字を使うことで、「人づくり」の大切さを昔からもっていた米沢藩だということを藩士に思い出させ、藩をリスペクトすることを狙ったのである。

この仕掛けの改革者である鷹山と平洲が示す温故知新の精神は、藩士の人心を掌握するには最適であった。

（2）鷹山が実行した人材育成

鷹山の藩内での藩政改革で最も優れている点は、人への投資を惜しまなかったことだろう。目的の中心に、家臣を有徳な人間に育てることだと位置づけたことである。平洲を招へいし、藩校「興譲館」を再興した目的もここにあった。

財政が苦しいなか、具体的に人へ投資をして、長期に人材の育成を図っている。改革には、まずはそれを実行する人の意識を改革することが第一と考えている。この考えは徐々に藩士、領民にも浸透していくのである。

藩主は米と水、薪は農工商の領民、また鍋釜が藩士だとたとえた。良質の米や水、そしてそれを炊く良質の薪があっても、肝心の鍋釜が傷んでいては元も子もない。藩校での藩士の教育、つまり、役人の人材育成が藩政改革の肝であることを鷹山は痛感していた。

鷹山の藩政改革のミッションは「民富」、つまり領民を豊かにすることだった。そのためには、人材育成のための藩校・興譲館の再興をもって創造力のある強い藩にすることだった。人材開発によるサステナブル（持続可能）な藩を目指したのである。

3．藩士・領民の意識を変えた教育改革と人材育成

（1）「仁政」で領民の心をつかむ

鷹山は、藩政改革の目的を「領民を豊かにする（民富）」こととした。これは、見せかけではなく、鷹山の「民を愛する」思想から来ている。藩の財政改革の基盤に、鷹山は、「仁」、すなわち思いやり・真心を置いている。ここの「仁政」こそが大前提なのである。この仁政の基盤としてミッション（目的）を置き、そして具体的な政策を企画し、実行に移していく。鷹山が改革を進めるうえで最も重要としたところである。

これは、現在においてもいえることだ。経営のトップが心の底から「仁」をもって改革に臨んでいるかどうかである。経営改革だと声高に叫ぶ経営者は多い。が、本当に「仁」をもったトップでないと本当の改革はできないのが常である。ましてや不祥事を起こす企業の経営トップには総じて「仁」「愛情」に欠けている。部下を自分の目的のためにモノとして扱っている。

部下は、トップの言葉はすべてが至上命令としてとらえ、善悪の区別もなく、不正に加担していくのである。２０１５（平成27）年に発覚した東芝の粉飾決算など、不正のバックボーンには当時の経営トップに「仁」と「愛情」がなかったことがあげられる。部下たちが、トップ

の要求に応えるには会計の粉飾以外に手がないことを知りながら、トップはただただ「チャレンジ」を連発している。人心は離れ、社員は言われるままの数字合わせの会計処理に走ってしまった。

そこにはトップと話し合うような環境もない。部下も言われるまま、他律的に、数字合わせの行動を取ってしまった。善悪の判断をなくした。

すばらしいミッション（目的）、画期的な戦略、機動的な戦術だけでは改革は進まない。これを実行する人たちが安心して業務ができる環境があって初めて改革が付いてくるのである。経営トップが「仁政」の重要性を理解し、実行に移していったことが、鷹山の藩教育改革、そして人材育成の原動力となったのである。

（2）人間尊重を基礎とした熱き改革集団を作り上げた

経営改革を標榜しトップの号令一家、改革に取り組んでもすべての企業がうまくいくわけではない。掛け声だけで終わってしまうことのほうがはるかに多いようだ。

改革停滞の原因を挙げると、いくつかあるが、代表的なものとしては、大企業病（悪しき官僚主義）に陥った組織である。そこで働く社員に責任感がないわけではない。むしろ働く人たちの責任感が強いケースも多い。しかし、責任感が向かう方向に問題がある。

会社が大きいだけに全体最適ではなく、部門最適を優先してしまう〝縄張り意識〟が強くなり、自分の部門だけを大事にしようという縦割り組織が出来上がる。会社のミッションにエネルギーを向けるのではなく、部門の短期の利益と既得権だけに目を向けてしまう。これでは全体最適を目指す改革集団とはなり得ない。

大企業病に侵された社員は、行ってはいけないマイナスの方向に多大なエネルギーと責任を費やしている。いい加減な手抜き仕事をしていないだけに、大企業病ほど厄介な病はないのである。みんな頑張ったのに会社全体の改革は進まないし、業績もよくならないと嘆く経営者も多い。

マイナスの責任感をプラスの責任感に変換する処方箋はある。蛸壺状態の打破にはコミュニケーションの促進が不可欠である。「他部門とのかかわりを促進し、自部門以外の意見を積極的に取り入れることである」と、経営の教科書には書かれている。しかしである。これができないから改革が進まないのである。「言うは易し、行いは難し」なのである。

２００年ほど前の米沢藩において藩の経営改革に臨み、見事に財政再建を果たした鷹山から学ぶべき教訓は多いように思える。彼の改革の根底には、領民と藩士への限りない愛情があった。変革の目的は「領民を富ませるため」という信念をバックボーンに置いた。鷹山の価値観・人間観は、「仁」と「信頼」にある。仁とは思いやりであり、愛である。

鷹山も熱心に勉学した『論語』の顔淵篇に「樊遅、仁を問う。子曰く、人を愛す」とある。「仁とは何か」という弟子の質問に対して、孔子は「人を愛することだ」と答えている。鷹山は、家臣、領民に対して人間尊重を第一とした態度で接している。この価値観・人間観があった鷹山には、変革の目的である「領民を富ませる」の言葉に一点の迷いも感じられない。すばらしい目的（ミッション）があっても、それを支える経営者の価値観が希薄だと単なる組織のスローガンに終わってしまうのである。

第5章でも紹介した、時代を超えて繁栄し続ける未来志向企業に共通する原理を調査してまとめたジェームズ・コリンズの著書『ビジョナリー・カンパニー』の中で、社員のエネルギーと才能を引き出せる組織をどう作るかの設問に対して、①ビジョンの明確化、②ビジョンの浸透、そして③社員の活性化・創意工夫の風土、の3つを挙げている。

経営学者のドラッカーもまた、名著『マネジメント』の中で、人間の尊厳を最重視した価値観をベースにミッション（目的）から経営を始めるように言及している。企業の存在意義、世の中で何をしたいのかを社員が共有することからすべてが始まると説いている。ドラッカーは、自由で機能する社会の実現に向けて、「マネジメント」による未来志向企業を目指した。

時代も国も異なるが、鷹山は、「愛」と「信頼」をベースにして、藩士と領民全員のＱＯＬ（生活の質）の向上を目的にしたミッション経営を実施した。未来志向企業はいずれも個人の自主性の尊重と人間の尊厳に主眼を置いているあたりは共通している。

鷹山は、「改革のための火種」を家臣、領民と共有していった。改革の火種とは鷹山の理念である。人はこの理念を理解し、共有したときに本気モードになるのである。上からの指示・命令だけの〝やらされ感〟ではなく、「意識浸透のコミュニケーション」こそ、上に立つ者の役割でもある。

また、鷹山は、家臣、領民が情報の共有による参加型運営、殖産や倹約の具体的な明示と自発的行動の促進、そして参加者の意識改革を実施した。参加者が自主的にストレッチな目標を立て、自律した行動を行えるように旧来の慣行、格式を破壊して現場を活性化していった。米沢藩にあった従来の風土を積極的に変えていこうとするあたりは卓越である。

ドラッカーは、『マネジメント』の中で、一人ひとりの強みを活かし、社員の能力を発揮させる環境をいかに作っていくか、ここに経営の正当性を置いている。組織は一人ひとりの強みを引き出し、弱みを中和するための手段であるとする。

鷹山は、カリスマ性を発揮して藩政改革をしたのでは決してない。米沢藩の面々が己の役割を理解し、目的に向かった自主的な改革者に変身していったことに、本当の意味での藩政改革の意義があるように思える。米沢藩にいてよかったという意識の共有こそが、何ものにも代えがたい財産であった。

4．現代に生きる鷹山の教育改革、人材育成

⑴ ボトムアップによる経営理念の浸透

前述したとおり、時代を超えて繁栄し続ける未来志向企業に共通する原理を調査してまとめた『ビジョナリー・カンパニー』の中で、経営理念やビジョンの浸透、社員の活性化・創意工夫の風土の大切さを謳っている。日本においても、１００年続く企業となる可能性を高める企業生命力の源泉を読み解くために、主に創業年数を軸にした分析を行っている。

日経ＢＰコンサルティングの調査結果（２０１８年）によると、６割以上の企業がトップダウン型であり、ボトムアップ型は13・３％にとどまり、大きな差となった。ところが、これを創業年数別で見てみると、創業からの年数が長いほどボトムアップ型の回答比率が高まる結果となる。20年未満までの企業が10％前後にとどまっている一方で、創業70年以上の企業で17・６％、１００年以上の企業に至っては24・８％と約４分の１の企業がボトムアップ型だと認識している。創業年数で見たときに、傾向として顕著だったのが「わからない」という回答の比率である。５年未満の企業では48・２％がわからないと回答しているが、１００年以上の企業では25・５％であった。

他方、「経営理念やビジョンがあるか」の設問に、明確に「ある」と回答したのは創業年数が長い企業ほど多い。20年未満の企業が20％程度なのに対し、70年以上の企業では38・1％、100年以上の企業では47・7％となった。「なんとなくある」を含めると、100年以上の企業においては、約8割の企業に経営理念やビジョンが浸透していることがわかる。

創業からの年数が長いほど、ボトムアップ型の組織形態を選択する比率が高まるのも、社員が経営理念やビジョンを理解しているからこそ成立すると読み解くことができるのである。

筆者が勤務していたキリングループの事例を取り上げることにしよう。キリングループが多角化経営の一つの柱に「医薬事業」を据えて、国内の完全自販体制が軌道に乗った2003（平成15）年頃、当時の経営理念に社員一人ひとりがコミットメントできていないという現実に直面した。「そこに魂を入れたい」という経営幹部の意向で、筆者を含む多部門から、全国から30名弱の有志が集まり、ビジョナリー・カンパニー活動と名づけられたプロジェクトチームが発足した。

「何のために働いているのか」というところから掘り下げて、「私たちにとって顧客は誰なのか」「私たちにとって医薬品とはなんだろう」「何のためにリスクの高い医薬事業を行っているのか」という青臭い議論を愚直に繰り返した。その結果、部門を超えて想いを共有することで、「気づき」「発見」「共感」が得られたのである。

プロジェクトメンバーは、各部門で講師役を担い、実践を繰り返し、やがてキリングループ全体に展開する活動に至った。特に、2008（平成20）年に経営統合した協和キリン株式会社では、全国各地でワークショップを開催し、約1000人の社員の議論を経て、「私たちの志」（**図表7－1**）を見つけ出した。2016（平成28）年には、グローバルに展開した際、英文に訳され、協和キリングループ全員に通じる価値観の中心概念となった。現在まで、この社員信条はグループのDNAとして受け継がれている。

（2）「三助の精神」が宿る教育改革

今後の社会の変化は、一層のグローバル化による経済成長、AI、IoTの進展による人々の価値観の多様化が伸展する。ステークホルダーは単に経済的価値を企業に求めるのではない。社会的価値にも重きを置くことが予想されるため、社会からの求めに応じきれない企業経営は、もはや成り立たないという認識が不可欠である。

現在の中高生が社会人として活躍する十数年後の未来において、直面する問題を解決する力がどのようなものかを予測するのは難しい。したがって、知識の記憶と再生ではなく、問題解決型の思考力が求められることに異論はないであろう。

文部科学省は、2017（平成29）年に、「一方的に知識を得るだけでなく、主体的・対話

図表 7-1　協和キリンの社員信条「私たちの志」

私たちの志　全文

ここにいる責任と幸福。

私たちの前には、いつもかけがえのないいのちがあります。
祝福されて生まれ、いつくしみの中で育ち、夢に胸をふくらませ、
しあわせになることを願って生きるいのち。
まず、私たちは、この地上でもっとも大切なもののために働いていることを、
胸の奥深くに刻みこもう。
そのために、私たち製薬会社にできることは無限にある。

自分たちを信じよう。自分たちの力を、自分たちが積み上げてきたものを信じよう。

私たちは、決して大きな会社ではない。でも私たちには、どんな大きな会社にも負けないものがある。

どこにもない歴史があり、どこにもマネのできない技術があり、
そしてどこにも負けない優秀な人材がいる。

困難をおそれない勇気を持とう。常識をつきやぶる情熱を持とう。

革新とは、ただの成長ではない。飛躍という、翼を持った成長なのだ。

その翼は、現状に満足する者には永久に与えられないことを知ろう。

つくるものは、薬だけではない。私たちは、あらゆる人の笑顔をつくろう。

人がどれほど生きることを望んでいるか。家族がどれほどその人を愛しているか。

医療に従事する人がどれほどひとつのいのちを救いたいと願っているか。

人間に与えられた感受性をサビつかせることなく、世界一、いのちにやさしい会社になろう。

世界を救うのは強さだけではない。人間のやさしさが必要なのだ。


最高のチームになろう。どんな優秀な人間も、ひとりはあまりにも非力で、まちがうこともある。

力をあわせた人間というものが、どれほどすばらしい成果を残せるか。それを世界に示したいと思う。

スピードをあげよう。いまこうしている間も、病とけんめいに闘う人がいる。

私たちは、その闘いがどんなにひたむきであるかを知っている。

急ごう。走ってはいけないが、止まることは許されない。

そして、どんな時も誠実でありつづけよう。そのことは、心から誓おう。

私たちは薬をつくっている。人のいのちと一緒に歩いているのだ。

仕事は、人をしあわせにできる。いつも、私たちはそのことを忘れないでいよう。
私たちは、さまざまな場所で生まれ、さまざまな時間を経て、さながら奇蹟のように、
この仕事、この会社、この仲間に出会った。そのことを心からよろこぼう。
そして、いまここにいる自分に感謝し、その使命に心血をそそぎ、かけがえのない
いのちのために働くことを、誇りとしよう。
人間の情熱を、人間のために使うしあわせ。私たちは、ひとりひとりが協和キリンです。

たった一度の、いのちと歩く。

出所：協和キリン株式会社ホームページ
（https://www.kyowakirin.co.jp/index.html）

的で深い学び（アクティブ・ラーニング）の視点から授業改善を充実させ、これからの時代に求められる資質・能力を身につけ、生涯にわたって能動的に学び続けることを目指す」ことを学習指導要領改訂のテーマとしたことを発表した。

「主体的な学び」とは、学ぶことに興味や関心をもち、見通しをもって粘り強く学習に向かうことができるようにすることである。「対話的な学び」とは、自分と他者の意見や考え方を比較したり、自分だけでは気づくことが難しい気づきを得たりしながら、考えを広げたり深めたりできるようにすることである。そして「深い学び」とは、教える側が、教える場面と学ぶ者に思考・判断・表現させる場面を効果的に設計し、関連させながら指導していくことである。これらが学習定着率に大きな影響を与えている（図表7－2参照）。

この考え方には、鷹山が藩政方針とした「三助の精神」が宿ると、筆者は考える。すなわち、「主体的な学び」は「自助」、「対話的な学び」は「互助」、そして「深い学び」は「扶助」ととらえられる。教える側が学ぶ者に愛情をもち、一人ひとりの学びを大切にすることを基本としている。

その学びは、個人知から集団知、やがて組織知へと、最初は小さな火種も根気強く息を吹きかけ続ければやがて大きな火となる教育改革が始まろうとしている。

図表7-2　ラーニングピラミッド

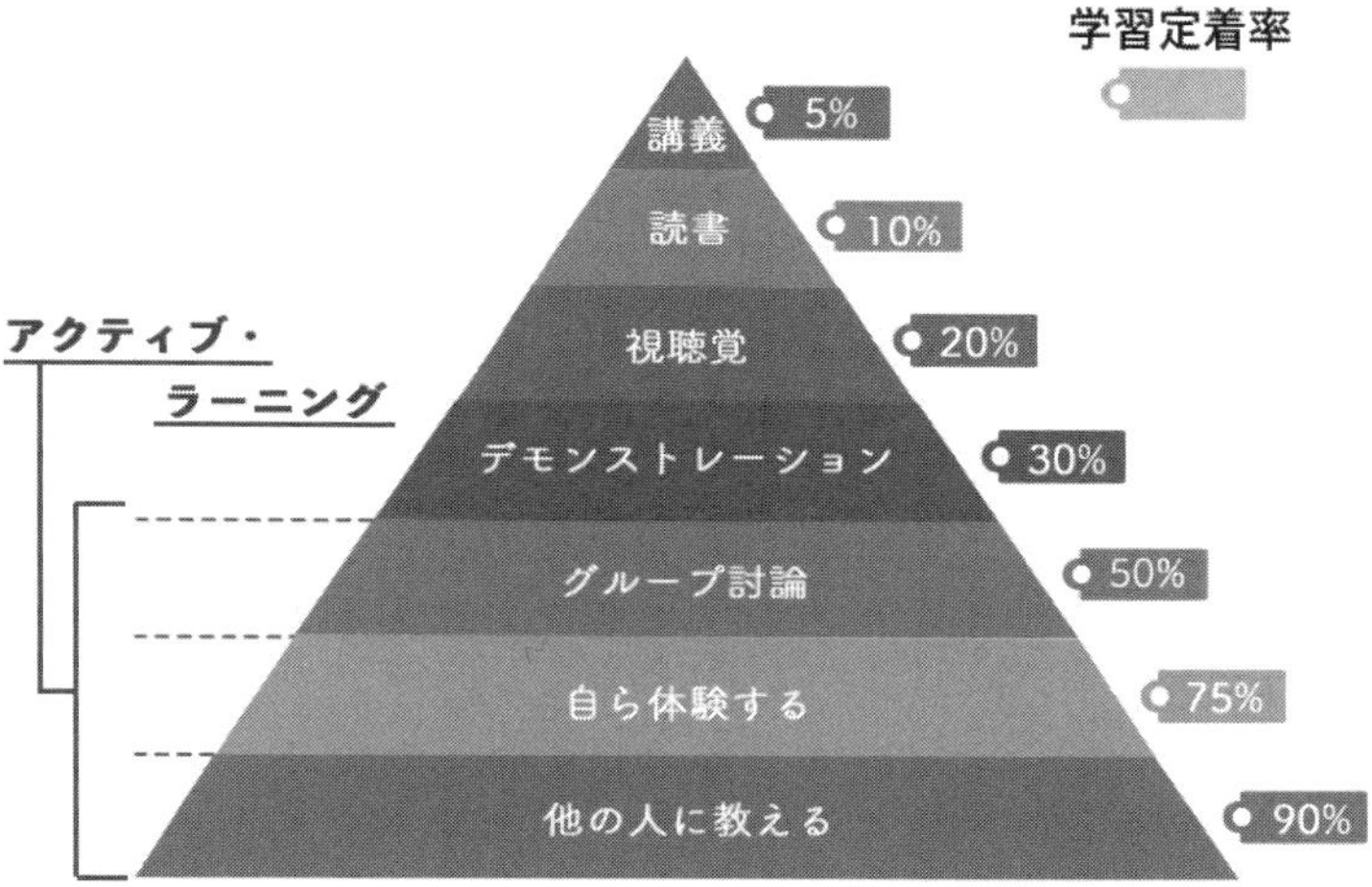

出所：The Learning Pyramid. National Training Laboratories

（3） 教育とは「生きる力」を養うこと

前述したように平洲の教えは、鷹山の思想形成に大きな影響を与えた。前出の『嚶鳴館遺草』の「菊好きの人の育て方」「百姓の菜大根の作り方」には、師としての条件を端的に示している。人に物事を教えるうえでの心得としては、菊好きの人が菊を作るようにしてはならないし、百姓の菜大根を作るように心得なければならない。

菊好きの人が菊を作るというのは、「花、形が見事に揃うよう、立派な菊の花ばかりを咲かせよう」として、多くの枝をもぎ取ってしまう。そして、伸びすぎたところは切り揃え、その人の好みのとおりに仕立て、咲かない花は、花壇の中に一本もないようにするもの。

百姓の菜大根作りというものは、一本一本を大事にして、畑の中には、上手に育ったもの、そうでないもの、ヘボなものもあったりして、大きさも大小、さまざまに不揃いなものとなる。それぞれを大事に育て、よくできたもの、そうでないものも、食用の用に立つように育てる。

この2つ「躬行（きゅうこう）の美・心の広さ」の大切さをわきまえて、世話をすることのできる人が師としての条件である。

鷹山は、生涯にわたり師事した平洲の教えを愚直に実践し続けたことにより、君主たるべき者の役割や物の考え方を体現し、誰一人取り残さない、すべての民を動機づけ、世に明君と称されるまでに昇華したと考えるのが自然であろう。そして、平洲は、若くして藩主になった鷹山に、生きる勇気と力を養ったのである。

現代のこれまでの教育においては、解き方があらかじめ定まった問題を効率的に解いたり、定められた手続きを効率的にこなしたりすることばかりを意識してきた。過去の延長線上でしか将来を描くことができなかった。

これからの教育は、直面するさまざまな変化を柔軟に受け止め、感性を豊かに働かせながら、どのような未来を創っていくのか、どのように社会や人生をより良いものにするのか、「あるべき姿」から逆算して「今何をすべきか」を考える「バックキャスティング思考」が求められる。同時に、主体的に学び続けて自ら能力を引き出し、自分なりに試行錯誤しながら、多様な他者と協働することで、新たな価値を生み出していくために必要な力を身につけることが大切である。

モノを所有する欲求（豊かな社会）から、人と人、人と自然との関係で充足される存在欲求による「こころ豊かな社会」が求められている。その実現のためには、「生きる力」を養う教育が必要なのだ。

（村瀬次彦・北村和敏）

【エピローグ】 イノベーション経営の実現に向けて

1．鷹山の成功を支える問題解決への「考え方」

イノベーションとは、「それまでのモノ・サービス・仕組みなどに対して、まったく新しい技術や考え方を取り入れて新たな価値を創造して、社会的に大きな革新を起こすこと」、言い換えれば「創造的革新」と表現することもできる（プロローグ）。

本書では、鷹山のリーダーシップにもとづく具体的な事例をもとに、鷹山のイノベーションを考察してきたが、経営の実践においてはイノベーションにはさまざまな困難があり、失敗も数多くある。そこで、エピローグとして、鷹山がこれらを乗り越えた根底に存在する「考え方」に焦点を当て、併せてイノベーションを阻む要因をも検討しながら、これまで考察してきた鷹山の足跡を整理する。

そして、最後に、企業はさまざまな課題の解決にどう立ち向かい、イノベーション経営を実現していくかについてまとめることとする。

鷹山の卓越したリーダーシップにもとづくイノベーション経営は、鷹山の「考え方」が改革の方向性に、そして、解決方法に影響を与えていると考えられる。その「考え方」として、一つには「社会志向」、二つには「システム思考」を見いだすことができる。

第一の「社会志向」とは、目指すべき社会についての考え方をもっているということである。鷹山の多様な改革は、鷹山が「民の父母」たることに根差しており、より良い社会を志向していたことを読み取ることができる。

第二の「システム思考」とは、イノベーションを生みだすための思考様式の一つであり、問題を社会のシステムの問題としてとらえる見方である。目の前の問題だけを解決していくのではなく、問題のパターンから他の影響する要素やそのつながりも考慮して問題を解決していくものである。鷹山は、財政改革として赤字解消を重要課題としながらも、同時にコストをかけて農業改革、人材育成などの改革を実行していった。そこに問題解決手法としての「システム思考」を見いだすことができる。

そこで、次節以降で、「社会志向」および「システム思考」から、これまで考察してきた鷹山の足跡を整理してみることとする。鷹山のイノベーションが成功した要因を見いだすことができるものと考える。

2．鷹山の改革を支える「社会志向」

（1）「社会志向」の考慮の必要性

現代は社会の存続も危ぶまれ、ＳＤＧｓ（持続可能な開発目標）など、国も企業もそして消費者・市民も持続可能な社会の構築に向けて取り組んでいる。イノベーションの方向性として「社会志向」がますます重要になっている。

「社会志向」は、未来の姿から逆算して現在の施策を考える発想であるバックキャスティングの考え方（第7章）でもある（図表8－1参照）。このバックキャスティングの考え方は、スウェーデンの国際ＮＧＯのナチュラル・ステップが環境問題対策として提唱したものである。ＳＤＧｓの達成など、未来に向けて現在の難しい問題を検討する際に用いられることが多い。イノベーションを生み出すためには、現状を考えた改善的なアプローチであるフォアキャスティングはなく、創造的破壊を生みだすアプローチとしてバックキャスティングが必要とされているのではないだろうか。

このようなバックキャスティングにもとづき、どのような社会を目指すのかを明確にして、

図表 8-1 バックキャスティングとフォアキャスティング

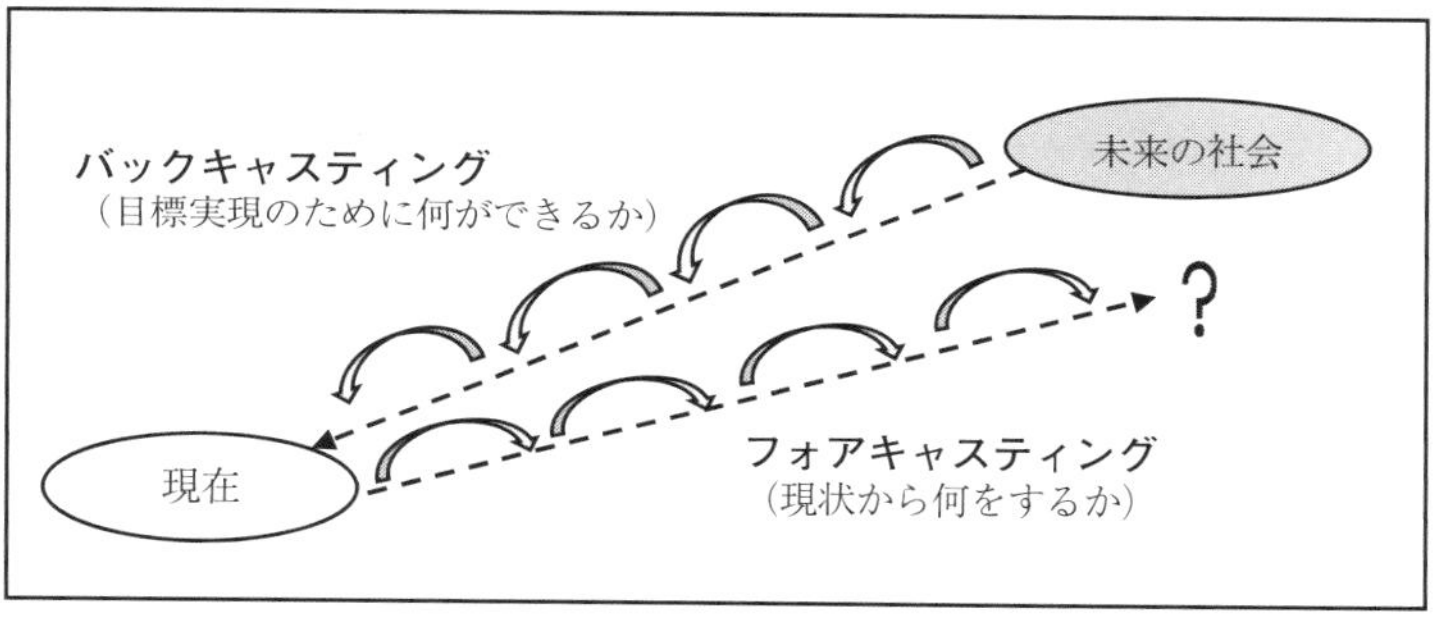

出所：筆者作成

社会の中で起きている「問題」を認識し、「問題」の解決のあり様を探ることが重要となる。ＶＵＣＡ（ブーカ：不安定性・不確実性・複雑性・曖昧性）（第2章）の時代ともいわれる現代、「自らが立ち向かうべき座標軸の確認が必要であり、未来の青写真を描くことが重要」（堀『日本経済新聞』２０１７年1月1日朝刊）である。このような「社会志向」のもとに、後述する「システム思考」で「問題」を全体的にとらえ、解決に取り組んでいくことがイノベーションを成功させることになると考えられる。

現在、「社会志向」が見られる例として、味の素、花王、協和キリン（第7章）などが挙げられるだろう。そこでは、目指すべき社会像として、持続可能な社会を明確に示している。たとえば、味の素では、『味の素グループ統合報告書２０１９』において、目指す社会像として「世界中の人々のウエルネスの実現」を掲げ、「21世紀の人類社会の課題」として「健康なこころとからだ」、「食資源」、「地球持続性」の3つについて、事業を通じて解決していくとしている。

(2) 鷹山の改革に見る「社会志向」

江戸時代の幕藩体制においては、さまざまな藩が行財政の再建のために藩政改革を行っている。この時代に成功した藩の一つとして挙げられる米沢藩における鷹山の改革を見ると、その目的を『領民を豊かにする(民富)』という「社会志向」にあると考えられる(第7章)。山岸は、この鷹山の改革について、「理念・目標・内容・方法のいずれにあっても、藩民の生活困難を軽減しようとする眼差し、即ち福祉政策的側面が伺える」(山岸、2008、119-120頁)としているのも同様の視点に立つものであろう。

さらに鷹山の「社会志向」を見ると、そこには、次の2つの内容が含まれている。

第一に、民(人々)が豊かになる社会

第二に、民(人々)が参画してともに創る社会

それぞれの内容を検討していこう。

●第一に、「民(人々)が豊かになる社会」について

鷹山の考え方の根底には「民」がいて、そこに「利他」の精神をもって、「仁政」をもとに

「安民」に奉仕するリーダーとしての鷹山が存在する（第2、6章）。それは鷹山の理念であり、改革の理念といえるだろう。「社会志向」は次の世代のより良い生活を考えることであり、根本的には理念をも問うものである（プロローグ）。

このような鷹山の「民」を基本に据えた理念が読み取れるものとしては、まず、1767（明和4）年、藩主となった鷹山が春日社に奉納した誓詞がある。そこには「民の父母」の心得を第一と記されている。また、白子神社に収めた誓文には、人民も苦しんでいるので、大倹約を行い、再興したいとの記述がある（プロローグ、第1章）。さらに、1785（天明5）年、治広への家督譲渡の折に伝授した「伝国の辞」には、「国家と人民のために立てられる君主であって、君主のために立てられている国家や人民ではない」（第1章）などが記されている。

現在、企業のみならずさまざまな主体が進めているSDGsの理念には「誰一人取り残さない」がある。社会が、企業が、誰も取り残さず、人々が豊かに暮らしていける社会を志向しているのであり、現代の企業のイノベーションにはそのような「社会志向」が欠かせない。

●第二に、「民（人々）が参画してともに創る社会」について

鷹山の改革は、「家臣、領民が情報の共有による参加型経営、殖産や倹約の具体的な明示と

自発的行動の促進」（第7章）がなされていた。鷹山は、藩士や領民を豊かな社会を享受する存在と見ているだけではなく、さまざまな改革にかかわる存在として見ていることが読み取れる。これは人々が参加してともに創る社会を志向する考え方である。改革は藩主だけで実行できるものではなく、藩士も領民も一体となって初めて実現できるものである。トップマネジメントの取り組みのみでは長続きしない、ボトムアップも必要となる（第7章）。

また、今日、企業経営においてはステークホルダー参画の重要性が高まっている。たとえば、社会・環境のサステナビリティの側面は言うに及ばず、コーポレートガバナンスの側面でも、コーポレートガバナンス・コードの基本原則2には「上場会社はステークホルダーとの適切な協働に努めるべきである」、基本原則5には「株主との間で建設的な対話を行うべきである」と定められている。

ステークホルダーの参画は、異なる視点による気づきなどが得られるほか、ステークホルダーとの対話によって企業の事業活動が社会の意向に沿って行われるなどが期待されている。

（3）「社会志向」にもとづく改革事例

鷹山の「社会志向」にもとづく具体的な改革事例の主なものを見てみよう。

●メッセージの発信（第1～7章）

鷹山は折に触れ、さまざま場面で、文書で、あるいは態度で多くのメッセージを発信している。具体的には、前述した「民の父母」たることを誓う「誓詞」（1767（明和4）年）や「国家と人民のための君主」であれとする「伝国の辞」（1785（天明5）年）がある。ほかに、米沢藩の財政危機の共有・管理としての「会計一円帳」の作成・公開（1775（安永4）年）、さらには自らの率先垂範として、質素な生活や「籍田（せきでん）の礼」（1772（安永元）年）などがある。これらは、「利他」「創造」「共感」「胆識」などリーダーに求められる資質にもとづくものといえる（第2章）。

リーダーによるメッセージの発信は、「暗黙知」を「形式知」として明示することになり、藩士や領民が鷹山の考え方を理解し、共感し、すべての家臣、領民が一体となって、つまり参加型により改革が進展していくことになる。

イノベーションの失敗要因の一つとして「内部の人々の対立」（ビジャイほか、訳本、2018、122-124頁）や、「環境が変化したにもかかわらず組織が変わらず、不適応を起こすという現象が発生」（第3章）することもある。イノベーションの成功は、施策への抵抗にいかに対処し、包括的な目標を提示することが重要となる（ドネラ、訳本、2015、182-187頁）。それはまた発生する対立をどのように対処するかというリーダーとしての資質・

力量にもかかわる（第2章）。

●飢餓への対応（第6章）

江戸時代は、凶作、飢餓に苦しめられた時代であったことから、飢饉への対応も重要とされた。1774（安永3）年以降、備籾蔵（そなえもみぐら）の建設、1802（享和2）年には、飢饉救済の手引書である『かてもの』の刊行がある。『かてもの』は、飢饉の際に代用食となる草木や果実の調理法などを解説した書物で、そこには保存食や味噌の製造法なども紹介されている（大矢野、2017、101頁）もので、「価値あるものを新たに生み出すイノベーション、創造の一例といえる」（第6章）。

これらによって、1833（天保4）年から1839（天保10）年にかけて発生した、天保の大飢饉による悪影響の最小化に貢献することができたといわれている。

●藩士や領民の意見を聞く取り組み

①七家（しちけ）騒動の裁決にあたっての家臣の審議（第1、2、3章）

1773（安永2）年、鷹山の改革への反発により、重役7人による七家騒動が起こった際、鷹山は、家臣に審議させ、これまでの政治に誤りがないことを確認している。イノベーシヨンには内部のさまざまな批判や反発を招くことはよく見られるが、その際に独断ではなく、「判断の客観性を得るため」（第3章）、家臣に審議させ、裁決していることは参加型の一例ともいえるだろう。

②「上書箱」の設置などによる改革への意見を求める取り組み（第1、4、5章）

鷹山の命を受けて、莅戸善政は大規模な殖産政策を実施する際に、農工商の「民」が武士と同じく藩を構成する「御国民」であるということ、政策改革が全体の利益を目指すものであることを強調し（第4章）、「民」とともに社会を創るという考え方を実践している（小関、2016、65-67頁）。具体的には、上書箱を設置し、身分を問わず改革への意見を求めた例（第1、5章）、日用品の増産計画書である『樹畜建議』を藩中枢や担当役員に回覧して家臣からの意見を聞き、殖産興業につなげていった例などがある（第1章）。

●藩士と領民の主体的な参画（第1、2、3、5、6章）

鷹山は、人口流出が進む農村振興のために、5戸から10戸を一組とした「農民伍什組合」を編成して、倹約令への協力や藩内の道徳的修養の基盤を構築しており、農民による自助・共助の精神によって、年貢の連帯責任など農民が主体的に問題解決をしていく仕組みを作っており、「『行動させながら意識を変えていく』というマネジメント」（第3章）ともいえる。

また、「藩士の次男、三男の土着の奨励、縮布製造所での下級武士の婦女子の活用」（第6章）なども、藩士や領民がともに改革に主体として参画する事例であろう。

●新しい視点・技術を得るための人材活用（第1、3、4、5、7章）

鷹山は、より良い社会を目指した改革のために、内外の有能な人材を活用したことでも知られている。鷹山によって見いだされた人材は多数存在する。たとえば、細井平洲、藁科松柏（わらしなしょうはく）、莅戸善政である。ほかにも、中国古来の植物・薬草学に精通した本草学者である佐藤成裕（せいゆう）、勘定頭に抜擢し、藩会計帳の作成、水田の生産力向上のための用水路築造、食糧増産に向けての領内荒地の開拓などに力を尽くした黒井忠寄（ただより）などがいる。

イノベーションの失敗要因として、「似た背景同士が集まり、発想が行き詰まる」（佐藤・広石、2018、28頁）ことが挙げられており、鷹山の成功は多様な人材活用にも見いだすことができる。

3．鷹山の改革を支える「システム思考」

（1）「システム思考」とは

「複雑な物事を構成する要素に分解し、それらの個別の要素を理解すれば、元の複雑な物事全体も理解できる」という〝要素還元主義〟と呼ばれる考え方がある（佐藤・広石、前掲書、32頁）。が、現代は多様な要素が影響しあって複雑な問題となることが多く、解決のためには従来の経験や考え方から自由になる必要があり、「問題の根本原因が何かを見いだし、新たな機会を見つける自由を与えてくれる思考法」としての「システム思考」（ドネラ、前掲書、18頁）が有用といわれる。

「システム思考」は、その代表的なツールとして「氷山モデル」（センゲほか、訳本、2014、196-207頁）がある（図表8－2参照）。「氷山モデル」は、表面に現れた「できごと」から、そのできごとに至る共通性のある「パターン」を見いだし、その「パターン」の背後にある「構造」、さらに「構造」を生み出す要因となりうる「メンタルモデル」を見つけだすツールである。この「氷山モデル」を用いることで、問題を深く洞察することができると考えられる。

図表 8-2　氷山モデル

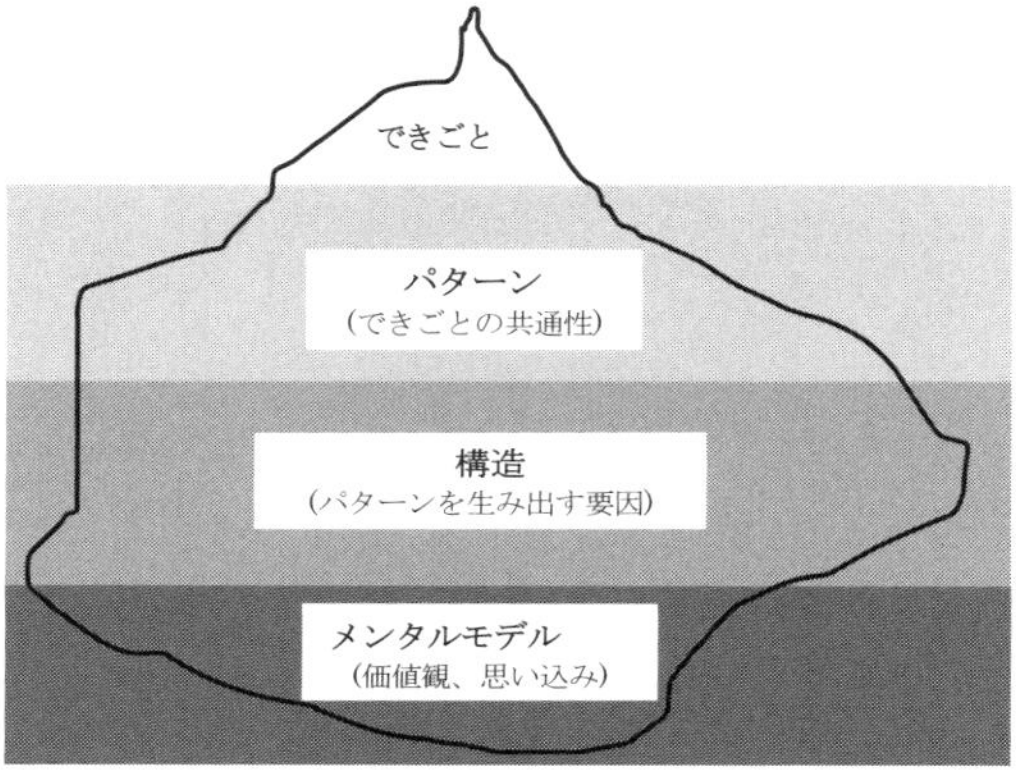

出所：「氷山モデル」をもとに筆者作成

外に現れた問題は、社会の「構造」や人々の「メンタルモデル」にかかわるが、イノベーションは現在の実態の中で実践されることから、必然的に現在の「構造」や「メンタルモデル」との軋轢が生じることになる。

たとえば、2018（平成30）年に障がい者の雇用率の水増しが発覚して社会問題になったが、中央省庁の中で最も低い雇用率であった外務省では、2019（令和元）年、障害者雇用促進法での障がい者の雇用の義務を果たすことが難しいとして、障がい者の数を減らす方針を固めたことが報道された。これに対し、専門家は、「はじめから『この仕事は障がい者にはできない』と決めつけて、除外するのはなくしていこうというのが世の中の流れなのに、今回示された方針はそれに逆行すると言わざるを得ない」、「本来であれば、職場の中で障がい者がどのような仕事に就くことができるのか、できないことがあればどうすればできるようになるのかじっくり議論して、徐々に雇用を増やしていく必要がある」と指摘している。(『NHK WEB NEWS』、2019年11月29日)。

新たな価値観に従って、法律や制度を変えようとするとき、社会の実態が追いつかないことはよくあることであり、その実態を尊重しすぎると変革はできない。問題解決のために、「構造」や「メンタルモデル」である、働く環境整備や職員等の意識の問題も同時に解決していくことが求められる。

また、日本の社会や企業において、価値観、意識、習慣という「メンタルモデル」にかかわる解決が困難な事例として、「ジェンダー平等」がある。SDGsの目標の一つでもある。

2019年12月17日、世界経済フォーラム(WEF)は、世界各国の男女平等の度合いをランキングした2019年の「ジェンダー・ギャップ指数」を発表したが、調査対象153か国のうち、日本は121位で過去最低となった(『日本経済新聞』、2019年12月17日夕刊)。ジェンダー平等を阻害する要因はさまざまであるが、表面的な平等の仕組みだけでは解決が難しく、「メンタルモデル」への働きかけが重要になるだろう。

図表 8-3　氷山モデルと米沢藩の課題

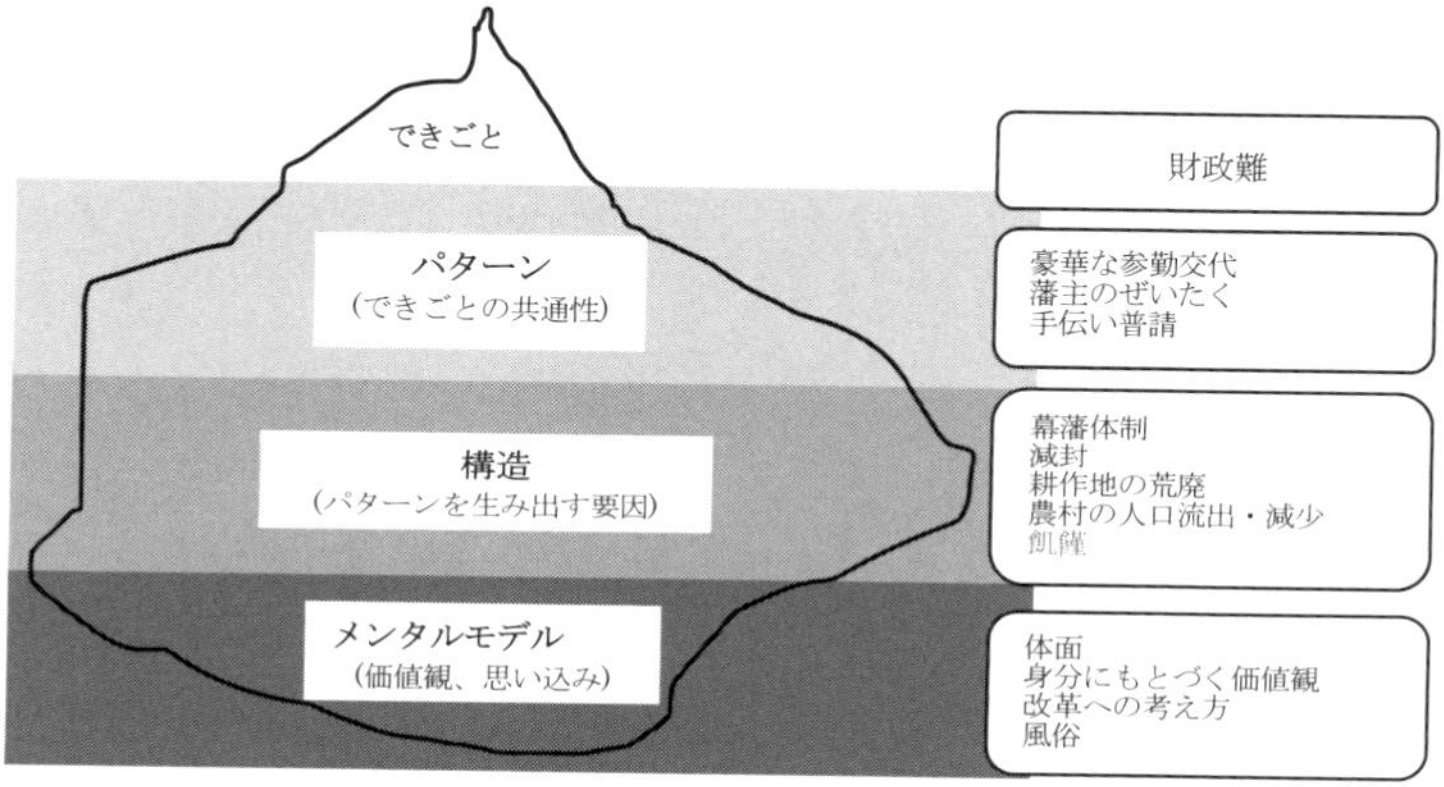

出所：「氷山モデル」をもとに筆者作成

（2）鷹山に見る「システム思考」

鷹山は米沢藩の莫大な借金を抱えながらも、投資ともいえる改革を同時に実施している。そこに「システム思考」を見ることができる。「システム思考」の一つのツールである「氷山モデル」を使って、米沢藩の問題を「できごと」「パターン」「構造」「メンタルモデル」に分けて整理すると、鷹山は問題の背景にある「構造」、さらには「メンタルモデル」までも考慮した改革を行っていることが見えてくる（図表8－3参照）。

米沢藩においては、緊急の課題は借金の解消であり、倹約対策が重要であることは言うまでもなかった。鷹山も1767（明和4）年に、藩主就任後すぐ、「大倹令（倹約令）」を発している。しかし、真の問題は赤字を引き起こす「構造」であり、「メンタルモデル」である。問題の背景にある「構造」や「メンタルモデル」にアプローチしなければ、同じ問題が変わらずパターンとして繰り返されることになる。

米沢藩は、長年にわたって豪華な参勤交代や贅沢な藩主の暮らしなどが「パターン」となって財政赤字を生んできたことから、鷹山はこれらを生み出す「構造」および「メンタルモデル」への働きかけによる解決をしていったと考えられる。

次に、「構造」や「メンタルモデル」へのアプローチと見られる改革事例を具体的に見ていくことにする。

(3)「システム思考」にもとづく改革事例

鷹山の「システム思考」にもとづく主な改革は、次のような事例に見いだすことができる。

●藩の運営（経営）の正常化（第5、6章）

鷹山が藩主になった頃、米沢藩は耕作地の荒廃と収穫の減少、人口減少など非常に厳しい状況に陥っており、抜本的な改革として、農村改革、産業開発、地域活性化が求められていた。

①農村改革

幕藩体制の経済的基盤は農業にあるが、度重なる飢饉や天災の発生、領民に対する重税などによって農村は疲弊し、領民たちの生産意欲が著しく低下し、やがて農地を放棄して江戸をはじめとする都市部へ逃亡する者も現れるようになっていた（大矢野、前掲書、82頁）。「農村の復興と勧農政策の推進は、緊急、かつ、重要な問題であった」（第5章）。そして、「藩財政を再建するためには農業改革が不可欠であり、それが耕地面積の拡大と農業生産性の向上という二本柱でしかなし得ない」ことは明確であった（大矢野、前掲書、81頁）。鷹山は、1772（明和9／安永元）年から、「籍田の礼」に着手して、農業生産性を向上させ、新田開発にも力を入れ、荒地を開墾して実り豊かな美田にしたと伝えられている（大矢野、前掲書、82頁、86-87頁）。

これらの改革は、財政的基盤である農村の改革である。「中級家臣等が自発的に開墾作業」（第5章）を行うなど、藩士と領民が一体として実施しており、年貢を取るだけの武士階級を生産活動を行う階級に転換していった。当時不文律とされた士農工商の身分制度である「構造」へのアプローチでもある。

②産業開発と新規事業

藩の財政再建のためには、「参勤交代や江戸での生活のために外部貨幣が必要」（第6章）であり、農村改革のみでは十分ではない。そこで鷹山は、「米作一辺倒であった農作物を多角化する領内の物産開発」（第5章）を行っている。

物産開発にあたっては、「地の利を尽くす」ことを強く推進し、竹俣当綱により漆・桑・コウゾ・藍・紙・塩・梨・茶など多くの産物の導入・普及など殖産政策に努めている（小関、前掲書、45-48頁）。

また、莅戸善政は米沢織、笹野一刀彫、深山和紙などを生み出すなど新規事業にも力を入れ、藩の財源の確保を図ったと考えられる。これは、「『入るをはかる』という歳入増」（プロローグ）という「構造」にかかわる改革といえる。

③地域活性化

農業改革をしながらも、鷹山は地域の活性化として、前述したように、「藩士の次男、三男の土着の奨励」（第6章）、年貢の取り立て緩和などの農民保護策、勧農金貸付制度の設置、1784（天明4）年からの備え籾貯蓄20か年計画の継続などの貧窮農民救済などを行っている（小関、前掲書、70-71頁）。

●参勤交代の改革

鷹山の時代、「政権の安定を目指した幕府は、諸藩に継続的な財政負担を強いて、その弱体化をはかることによって主従関係を固定化してしまおうとした。そのために絶大な効果を発揮した施策が『参勤交代』と『手伝い普請』である」（大矢野、前掲書、14頁）。つまり、幕藩体制そのものに、藩の財政赤字を生む要因があったことになる。しかし、幕藩体制が問題であったとしても、それ自体を否定することは難しい。そこで鷹山は「参勤交代」の制度はそのままに、そこにかかる費用の削減を行ったと見ることができる。

これは「構造」へのチャレンジである。同時に、これまでの「謙信以来の名門という意識から藩の体面を重んじる」（第4章）という慣習である「メンタルモデル」へのチャレンジも行っていることになる。

鷹山は、幕藩体制を踏まえながらも柔軟な発想で乗り越えたといえよう。

●「風俗」の改革（第1章）

鷹山は、「家臣団には長年半知借上を強いてきたことで生活困難となり、自然と人心は財利にばかり赴くようになり、あしき風俗が散見するようになってしまった」とし、「家臣団の難渋を原因とする人心の動向＝『財利』を重んずる『風俗』を憂慮」し、「風俗」の改革が差し迫った課題としていた（小関、前掲書、61頁、126頁）。

「風俗」とは、当時は「基本的に衣食住・働き方や家族関係をはじめとする人々の生活・行動様式の総体とそのモラル」を指している。鷹山は、儒学・兵学などの諸学を取り入れながら「風俗」改革を行っている。「長期にわたって、家督相続の統制、博奕・鍋女（遊女）・間引き等の禁止、質素律儀・力田（農業出精）・親孝行・養老（敬老）等の奨励など、『風俗』改革に関する政策」を実施した。また「治国の基は風俗に止まり候」と家臣に説いていたともいわれ、「どうすれば政治・社会の秩序をより良いものに導けるかということを生涯の課題としていた」（小関、前掲書、１０４-１０５頁）とされる。

人々の行動や考え方に大きくかかわる「風俗」という「メンタルモデル」へのアプローチを行っていたといえる。

●人材育成（第1～7章）

人材はより良い社会を創るための礎であり、「メンタルモデル」を変えることにもつながる重要なものである。

鷹山は、１７７６（安永5）年、師の細井平洲とその門人の神保綱忠（じんぼつなただ）に命じて、「領民のよき指導者たる人材の育成を目的」（第7章）に、藩校「興譲館」を再興している。寄宿生は上級藩士の子弟のみならず、中・下級藩士の優秀な子弟が選抜されるケースもあったほか、通学生は藩士だけでなく、領民の子弟にも広く門戸が開放されていたという（大矢野、前掲書、96-97頁）。人材育成は、費用をかけて藩政改革を担う次世代の人材育成ともいえる。この興譲館からは、現在に至るまで多くの偉人が輩出されている。

4. 今求められるイノベーション経営へ

(1) イノベーションへの期待と鷹山の改革の意義

いつの時代も社会は変化している。鷹山の時代も、そして現代も、その変化が大きければ大きいほど、問題の解決は難しい。見えている問題だけを解決しても抜本的な解決にはならない。問題を引き起こす要因は見えるものだけではなく、さまざまな要素が絡み合っているからである。また変化は緩やかに進行し、その成果が見えにくく、既存勢力の抵抗もある。

現在のビジネス環境の複雑さ、未来の曖昧性、そして変化のスピードの速さの影響を受け、経営を取り巻く問題解決の難易度も飛躍的に高まっている。また、GAFAに代表されるデータ流通社会、そこにAIの登場・進化などによる激しい社会変化と厳しい競争環境、さらには貧困や環境悪化など社会・環境のサステナビリティも問われている。企業は社会・環境のサステナビリティの上に立って、企業自体のサステナビリティ(プロローグ)が問われ、それがゆえにかつてないほどにイノベーションへの期待が高まっている。

鷹山は、財政の問題を財政にとどまらず、農村、産業、風俗、人材育成などさまざまな問題に継続して取り組み、借金を返済し、現在の米沢という社会に大きな影響を与えてきた存在である。社会が大きく変化しようとする現代、優れたリーダーシップとイノベーションで問題を解決していった鷹山に学ぶ意義は大きい。

(2) 鷹山の足跡の振り返り

本書では、鷹山について、プロローグから第7章まで、「イノベーション経営」、「生い立ち」、「リーダーシップ」、「マネジメント」、「ガバナンス」、さらに具体的な改革事例として、「農村改革、産業開発、新規事業」、「地域開発、社会貢献」、「教育改革、人材育成」に構成して考察してきた。

ここでは、このような鷹山の改革について、鷹山の根底にある「考え方」である「社会志向」と「システム思考」の観点から整理したものである。その概要は次のとおりである。

●鷹山の「社会志向」から見る改革について

・メッセージの発信
・飢餓への対応
・藩士や領民の意見を聞く取り組み
・藩士と領民の主体的な参画

・新しい視点・技術を得るための人材活用

鷹山の「システム思考」から見る改革

米沢藩の問題改革として、問題の背景にある「構造」と「メンタルモデル」へのアプローチによる改革として次の例を挙げた。

・藩の運営（経営）の正常化
・参勤交代の改革
・「風俗」の改革
・人材育成

（3）イノベーション経営実現に向けて

鷹山の改革は、現在の米沢の産業、教育へと発展し、米沢では市民が鷹山の功績に感謝し、鷹山ゆかりの地を観光名所として語り継ぐなど、鷹山が米沢市民に深く愛される存在になっている（第1章）。

大企業であれ中小企業であれ、多くの課題を抱えながら進むとき、どのようなイノベーション経営が実現できるのだろうか。それは未来の社会や消費者・市民から見たときに、どのように評価されるのだろうか。

最後に、イノベーションを生み出すためのイノベーション経営に不可欠な要素について、これまでの各章をもとに概観し、全体のまとめとしたい。

●問題を正しく認識して対応する

まず問題を正しく認識して対応する必要がある。現れた問題だけではない。その背景にある「構造」や「メンタルモデル」までを考慮して、何が問題で、何に対してアプローチして、資源を投入すべきかを検討する必要がある。

問題を認識するにあたっては、ここで紹介した「氷山モデル」(図表8－2)が参考になるだろう。イノベーションは、対象としてのプロダクト、プロセス、市場、サプライチェーン、組織(プロローグ)それぞれにかかわるものである。まさにビジネスモデルの要素のいずれかにおいてイノベーションを起こすということになる。組織自らが、どのような社会にするのか、どのように人々とかかわっていくのか、従来の見方にとらわれずに挑戦していくことが求められる。

●リーダーを育成する

変化の激しい時代、グローバルな時代、そして地球や社会の存続さえも危ぶまれる時代だからこそ、羅針盤ともなるリーダーの存在が不可欠になってくる。鷹山の功績の陰には細井平洲をはじめ鷹山を育てた人々がいるが、そのようなリーダーがタイムリーに現れるとは限らない。そうであるならば、企業にとっては、いかに「優れたリーダーが創造される環境づくり」（第2章）をするかが求められる。

鷹山は、「民」のための社会を志向し、それが鷹山の改革を成功に導いたと考えられる。それでは、現代において、このような「社会志向」を持つ人材をどのように育成していけばよいのだろうか。

鷹山の時代と異なり、必ずしも特定のあらかじめ決まったリーダーを育成するわけではないことを考えると、企業自身が「社会志向」を持った経営であることが必要になるのではないだろうか。現代は鷹山の時代とは比べものにならないくらい、社会のプレッシャーは大きい。たとえば、法律や業界団体などによるルールやガイドライン、ガバナンス改革、社外の声としての社外取締役、取引先や消費者からの声、内部通報制度による従業員の声、さらには、持続可能な社会への取り組みとしてNPO・NGOなどステークホルダーからの抗議・要請・評価、投資家からのESG（環境・社会・ガバナンス）のプレッシャーも存在する。

このように、現代は多数、かつ、多様なプレッシャーが存在することから、企業はこれらを自社の経営リスクとしての見方のみならず、企業が進むべき「社会志向」を示すものととらえることで、求められる社会に沿った経営を実践することになり、自ずと「社会志向」を持つ人材が育つことになると考えられる。

●さまざまな情報を「見える化」し「発信」する

企業は自社を取り巻く社会の動きを敏感にとらえ、方針、ビジョン、行動規範、経営戦略、設計・製造・流通・販売などのバリューチェーンのあらゆる場面において、情報を「見える化」することが必要である。鷹山もさまざまな情報を藩士や領民に開示するなど（第4、5章）、情報の「見える化」と「発信」に力を尽くしている。

「見える化」し「発信」すべき情報としては、次のようなものが考えられる。

①リーダーによるメッセージの発信

メッセージ、特にリーダーによるメッセージは、組織の進むべき方向性を示すことになる。このようなリーダーのメッセージは、イノベーションで起きがちな部門間の対立の解消にも役立つばかりではなく、業務内容の確認、時には間違った方向の修正ともなり得る。

②課題などの実態情報の発信

方向性に加えて、課題などの実態の情報の「見える化」や「発信」も重要である。これらの情報が発信されることによって、組織全体で問題が共有されることになり、課題解決のためにともに歩んでいくことが可能となる。

③企業情報の社外への発信

企業を取り巻く社会の変化・プレッシャーを考慮すると、企業の情報をいかに社外に発信していくかが重要となる。「企業の経営にあたって、市場経済の利益を享受して健全な取引関係を保ち、従業員や株主などステークホルダーの理解を得るうえから、情報の開示が不可欠である」（第4章）。企業情報を積極的に発信することによって、社会からのフィードバックも多く得られることになり、それが企業のイノベーションを促進していくことになると考えられる。

●企業の本来の目的・理念を確認する

鷹山は「民」のためのより良い社会を志向し、実践してきたからこそ、改革が成功したのだとすると、究極的には、企業は人々のためにどれだけ価値を提供できるかにかかっているのではないか（第7章）。企業のサステナビリティは、企業のサステナビリティを考えるのみでは実現しない。企業が人々に価値を提供することで存続できるのであり、それは企業の目的そのものであり、理念である（プロローグ）。

いつの時代も社会は変化しており、企業も変化を迫られる。昨日を継続した今日も明日もない。しかし、「解決策は私たちの手の中にある」（ドネラ、前掲書、23頁、32頁）。企業には絶えず自社の目的・理念を確認することで、より良き未来のためのイノベーション経営を創造し、実現していくことを期待したい。

本書が、鷹山のイノベーションの理念と事例を学ぶことで、皆さまがイノベーション経営を考察し、推進していく手掛かりとなることを願っている。

（古谷由紀子）

参考文献

全体

・小関悠一郎『上杉鷹山と米沢』吉川弘文館、2016年
・横山昭男『人物叢書　上杉鷹山』吉川弘文館、1987年

プロローグ

・奥村悳一『現代企業を動かす経営理念』有斐閣、1994年
・原田英典「赤道ギニアLNGプロジェクト—国家開発の一翼を担うエネルギープロジェクト」日本貿易会月報、No・658、2008年4月
・内村鑑三著、鈴木俊郎訳『代表的日本人』岩波書店、1941年
・遠藤　実『米沢学事始　上杉鷹山の訓え』2011年
・海音寺潮五郎『日本史探訪第16集』（奈良本辰也・綱淵謙錠「上杉鷹山」）角川書店、1976年
・資生堂『美と知のミーム、資生堂』求龍堂、1998年
・J・A・シュンペーター著、中山伊知郎・東畑精一訳『経済発展の理論』岩波書店、1951年
・童門冬二『上杉鷹山の経営学—危機を乗り切るリーダーの条件』PHP文庫、1990年
・P・F・ドラッカー著、小林宏治監訳、上田惇生・佐々木実智男訳『イノベーションと企業家精神』ダイヤモンド社、1985年
・西川　潤『経済発展の理論』日本評論社、1976年

・野中郁次郎・勝見　明『イノベーションの本質』日経ＢＰ社、２００４年
・Ｍ・ポランニー著、佐藤敬三訳、伊藤俊太郎序『暗黙知の次元』紀伊國屋書店、１９８０年
・水尾順一『セルフ・ガバナンスの経営倫理』千倉書房、２００３年
・Ｊ・ミンゴ著、大川修二訳『あなたの知らないヒットブランド本当の話』東急エージェンシー、１９９８年
・住友スリーエム株式会社提供広報資料
・ダイセルグループ・アニュアルレポート２０１９『CSR & Financial Report』
・無印良品ホームページ〈https://ryohin-keikaku.jp/corporate/〉

第1章
・大矢野栄次「米沢藩の財政改革と上杉鷹山」久留米大学経済社会研究、第58巻第1・2号、２０１８年6月
・小関悠一郎「明君像の形成と『仁政』的秩序意識の変容」歴史学研究増刊号、２０１５年10月
・平池久義「米沢藩における上杉鷹山の藩政改革」下関市立大学論集、第54巻1号、２０１０年5月
・小関悠一郎『〈名君〉の近世―学問・知識と藩政改革―』吉川弘文館、２０１２年
・田中宏司・水尾順一・蟻生俊夫編『二宮尊徳に学ぶ「報徳」の経営』同友館、２０１７年
・田中宏司・水尾順一・蟻生俊夫編『石田梅岩に学ぶ「石門心学」の経営』同友館、２０１８年
・童門冬二『完全版　上杉鷹山』ＰＨＰ研究所、２０１９年
・永井哲雄『「仁」と「諫」高鍋藩・鷹山を育んだ風土の形成と展開』みやざき文庫、２００５年

第2章

・Spears, L. C. (1998) *Insights on Leadership: Service, Stewardship, Spirit, and Servant-Leadership*, John Wiley & Sons.
・野中郁次郎「賢慮のリーダー」ＤＩＡＭＯＮＤハーバード・ビジネス・レビュー、２０１１年9月号
・アリストテレス著、渡辺邦夫訳『ニコマコス倫理学』岩波文庫、１９７１年
・新谷博司『誰も書かなかった上杉鷹山の秘密』経営効率研究所、２０１１年
・内村鑑三著、鈴木範久訳『代表的日本人』岩波文庫Ｋｉｎｄｌｅ版、１９９５年
・Ｒ・Ｋ・グリーンリーフ著、金井壽宏監訳・金井真弓訳『サーバントリーダーシップ』英治出版、２００８年
・Ｗ・Ａ・コーン著、橋本碩也訳『ドラッカー先生のリーダーシップ論』ランダムハウスジャパン、２０１０年
・Ｊ・Ｐ・コッター著、ＤＩＡＭＯＮＤハーバード・ビジネス・レビュー編集部ほか訳『リーダーシップ論（第二版）―変革を担うのはリーダーの使命―』ダイヤモンド社、２０１２年
・Ｓ・Ｒ・コヴィー著、フランクリン・コヴィー・ジャパン訳『7つの習慣―人間主義の回復』、ＦＣＥパブリッシング、２０１３年
・蘇 老泉『管仲論』蘇老泉先生集・東京都立中央図書館 特別買上文庫１６５
・佃 律志『上杉鷹山リーダーの要諦』日経ビジネス人文庫、２０１６年
・童門冬二『上杉鷹山の経営学―危機を乗り切るリーダーの条件』ＰＨＰ文庫、１９９０年
・Ｐ・Ｆ・ドラッカー著、上田惇生訳『チェンジリーダーの条件』ダイヤモンド社、２０００年
・Ｐ・Ｆ・ドラッカー著、上田惇生訳『マネジメント』ダイヤモンド社、２００１年
・水尾順一『マーケティング倫理が企業を救う』生産性出版、２０１４年

・水尾順一『サスティナブル・カンパニー「ずーっと」栄える会社の事業構想』宣伝会議、２０１６年
・安岡正篤『一日一養―心を養い、生を養う』致知出版社、２００６年
・山口　周『世界のエリートはなぜ「美意識」を鍛えるのか？』光文社新書、２０１７年

第3章

・Hannan, M. T. and Freeman, J.（1984）"Structural Inertia and Organizational Change," *American Sociological Review*, Vol. 49, No. 2, pp. 149-164.
・Lewin, K.（1947）"Frontiers in Group Dynamics," *Human Relations*, Vol. 1, pp. 1-41.
・西村孝史「株式会社ローソン『お店』としてのコンビニから『企業』としてのコンビニへ」一橋ビジネスレビュー、第58巻第1号、２０１０年、１０２－１１８頁
・加護野忠男『組織認識論―企業における創造と革新の研究』千倉書房、１９８８年

第４章

・安彦孝次郎「上杉鷹山とその藩政」横浜商大論集、第1巻第1号、１９６７年7月
・大矢野栄次「米沢藩の財政改革と上杉鷹山」久留米大学経済社会研究、第58巻第１・２号、２０１８年6月
・小関悠一郎「明君像の形成と『仁政』的秩序意識の変容」歴史学研究増刊号、２０１５年10月
・荻　慎一郎「中期藩政改革と藩『国家』論の形成」東北史学会『歴史』第51輯、１９７８年10月
・平池久義「米沢藩における上杉鷹山の藩政改革」下関市立大学論集、第54巻第1号、２０１０年5月
・松野良寅「上杉鷹山の人間像」『上杉鷹山公とその時代』米沢市立上杉博物館、１９９７年

・吉武佳一郎「『名君』上杉鷹山の光と影」『新視点　日本の歴史』第5巻、新人物往来社、１９９３年
・池田成章『鷹山公世紀』吉川弘文館、１９０６年
・上杉鷹山「老が心」『近世政道論』日本思想大系38、岩波書店、１９７６年
・荻生徂徠『政談　服部本』平凡社、２０１１年
・金森太郎『上杉鷹山公と其の振興政策』巌松堂書店、１９３６年
・佐々井信太郎編『復刻版　二宮尊徳全集第36巻』龍渓書舎、１９７７年
・佐々井典比古『二宮尊徳「語録」「夜話」抄』三樹書房、１９８５年
・新谷博司『誰も書かなかった上杉鷹山の秘密』経営効率研究所、２０１１年
・杉田玄白『後見草』国立国会図書館所蔵
・杉田玄白「後見草」『日本の名著22』中央公論社、１９７１年
・田中宏司・水尾順一・蟻生俊夫編『二宮尊徳に学ぶ「報徳」の経営』同友館、２０１７年
・田中宏司・水尾順一・蟻生俊夫編『石田梅岩に学ぶ「石門心学」の経営』同友館、２０１８年
・莅戸善政『翹楚篇』羽陽叢書、知新堂、１８８０年
・米沢市立上杉博物館『上杉鷹山公とその時代』（図録）、１９９７年
・米沢市立上杉博物館『上杉鷹山―改革への道―』（図録）、２００４年
・米沢市立上杉博物館『上杉鷹山の財政改革～国と民のしあわせ～』（図録）、２０１２年
・藁科立遠『管見談』、１７９０年、市立米沢図書館所蔵

第5章

・アメーバ経営学術研究会『アメーバ経営の進化：理論と実践』中央経済社、２０１７年
・新谷博司『誰も書かなかった上杉鷹山の秘密』経営効率研究所、１９９３年
・遠藤　英『米沢学事始　上杉鷹山の訓え』川島印刷、２０１１年
・加藤国雄『上杉鷹山の米沢藩政改革とファイナンス』湘南科学史懇話会、２０１７年
・坂本光司『日本でいちばん大切にしたい会社』あさ出版、２００８年
・童門冬二『完全版　上杉鷹山』ＰＨＰ研究所、２０１９年
・Ｐ・Ｆ・ドラッカー著、上田惇生訳『プロフェッショナルの条件』ダイヤモンド社Ｋｉｎｄｌｅ版、２０００年
・山田武雄『米澤藩行革の恩人上杉鷹山公』上杉松岬両神社信仰会、１９８５年
・「クレド・ミッション・ビジョンの違いとは？」
〈https://www.hito-link.jp/media/column/guideline〉（２０１９年12月９日参照）
・鈴木博毅「3分でわかる『ビジョナリー・カンパニー』」
〈https://diamond.jp/articles/-/58184〉（２０１９年12月９日参照）
・ＳＢＩホールディングス株式会社「会社概要」
〈https://www.sbigroup.co.jp/company/information/profile.html〉（２０１９年12月９日参照）
・ＨＲ-コラム「リーダーシップとは？　ドラッカーの定義から学ぶ『能力のある人の特徴』」
〈https://tunag.jp/ja/contents/hr-column/1894/〉（２０１９年12月９日参照）
・「米沢観光Ｎａｖｉ」〈https://yonezawa-kankou-navi.com/〉（２０１９年12月９日参照）
・京セラコミュニケーションシステム株式会社「アメーバ経営とは」

〈https://www.kccs.co.jp/consulting/service/amoeba/about/〉（２０１９年12月９日参照）

第６章

・入山章栄・山野井順一「世界の同族企業研究の潮流」組織科学、第48巻第1号、２０１４年
・大矢野栄次「米沢藩の財政改革と上杉鷹山」久留米大学経済社会研究、第58巻第１・２号、２０１８年６月
・奥村昭博「ファミリービジネスの理論」一橋ビジネスレビュー、第63巻第２号、２０１５年８月
加護野忠男「経営学とファミリービジネス研究」学術の動向、第13巻第1号、２００８年1月
・齋藤　憲「スズキの発展」専修マネジメント・ジャーナル、第7巻第1号、２０１８年
・沈　政郁「血縁主義の弊害：日本の同族企業の長期データを用いた実証分析」組織科学、第48巻第1号、２０１４年
・中岡俊介「養子相続とファミリービジネス」社会経済史学、第76巻第4号、２０１１年
・林　順一「英国におけるＣＳＲの展開」日本経営倫理学会誌、第23号、２０１６年
・Ｄ・Ｓ・ランデス著、中谷和男訳『ダイナスティ　企業の繁栄と衰亡の命運を分けるものとは』ＰＨＰ研究所、２００６年

第７章

・内村鑑三著、鈴木範久訳『代表的日本人』岩波文庫Ｋｉｎｄｌｅ版、１９９５年
・ジム・コリンズ著、山岡洋一訳『ビジョナリーカンパニー』日経ＢＰ出版センター、１９９５年
・篠田竹邑『嚶鳴館遺草―細井平洲の教え』文芸社、１９９９年

・鈴村　進『上杉鷹山　人を活かし、人を動かす』三笠書房、２０１６年
・田中宏司・水尾順一・蟻生俊夫編『石田梅岩に学ぶ「石門心学」の経営』同友館、２０１９年
・童門冬二『上杉鷹山の師　細井平洲の人間学』ＰＨＰ研究所、１９９３年
・童門冬二『上杉鷹山の師　細井平洲』集英社文庫、２０１７年
・童門冬二『小説上杉鷹山（上・下）』人物文庫、２０１７年
・Ｐ・Ｆ・ドラッカー著、上田惇生訳『経営者の条件』ダイヤモンド社、２００６年
・Ｐ・Ｆ・ドラッカー著、上田惇生訳『マネジメント［上］』ダイヤモンド社、２００８年
・水谷雅一『経営倫理学のすすめ』丸善ライブラリー、１９９８年
・守屋　洋『貞観政要のリーダー学』プレジデント社、２００５年
・文部科学省『新しい学習指導要領の考え方』文部科学省、２０１８年
・横山昭男『上杉鷹山公物語』米沢御堀史蹟保存会、２０１４年
・日経ＢＰコンサルティング「周年事業ラボ　〝続く企業〟ほどボトムアップ型の傾向高まる」〈https://consult.nikkeibp.co.jp/shunenjigyo-labo/survey_data/20170719_01/〉２０１７年

エピローグ

・山岸治男「福祉政策から見た旧米沢藩の財政改革―上杉鷹山の藩政改革を中心に―」大分大学教育福祉科学研究紀要、第30巻第2号、２００８年6月、１１３‐１２２頁
・ビジャイ・コビンダラジャン、クリス・トリンプル「イノベーションをめぐる対立を解消する」ＤＩＡＭＯＮＤハーバード・ビジネス・レビュー編集部編集・訳『ハーバード・ビジネス・レビュー　イノベーション論文ベス

ト10イノベーションの教科書』ダイヤモンド社、２０１８年、１２２-１４３頁
・大矢野栄次『江戸のＣＦＯ　藩政改革に学ぶ経営再建のマネジメント』日本実業出版社、２０１７年
・佐藤真久・広石拓司『ソーシャルプロジェクトを成功に導く12ステップ』みくに出版、２０１８年
・ピーター・Ｍ・センゲ著、枝廣淳子・小田理一郎・中小路佳代子訳『学習する組織』、英治出版、２０１１年
・ピーター・Ｍ・センゲ著、ネルダ・キャンブロン-マッケイブ、ティモシー・ルカス、ブライアン・スミス、ジャニス・ダットン、アート・クライナー著、リヒテルズ直子訳『学習する学校』英治出版、２０１４年
・ドネラ・Ｈ・メドウズ著、枝廣淳子訳、小田理一郎解説『世界はシステムで動く―いま起きていることの本質をつかむ考え方』英治出版、２０１５年
・ＮＨＫ　ＷＥＢ　ＮＥＷＳ「〝義務達成難しい〟外務省の障害者雇用　人数減らす方針」
〈https://www3.nhk.or.jp/news/html/20191129/k10012196191000.html〉（２０１９年11月29日参照）
・The Natural Step〈https://thenaturalstep.org/〉
・味の素「味の素グループ統合報告書２０１９」
〈https://www.ajinomoto.co.jp/company/jp/ir/library/annual/main/08/teaserItems1/00/linkList/0/link/Integrated%20Report%202019_J.pdf〉
・国連広報センター「我々の世界を変革する：持続可能な開発のための２０３０アジェンダ」
・堀　義人「『ＶＵＣＡ』時代、リーダーに重要な４つの言葉」日本経済新聞、２０１７年１月11日朝刊
・「男女平等、日本過去最低に」日本経済新聞、２０１９年12月17日夕刊
・日本証券取引所グループ「改訂コーポレートガバナンス・コードの公表」
〈https://www.jpx.co.jp/news/1020/20180601.html〉（２０１９年12月17日参照）

著者紹介

■編著者

田中　宏司（たなか　ひろじ）　第５章

（一社）経営倫理実践研究センター特別首席研究員、東京交通短期大学名誉教授、日本経営倫理学会名誉会員。1959年中央大学第２法学部・1968年同第２経済学部卒業。1954～90年日本銀行、1970年ミシガン州立大学留学（日銀派遣）、ケミカル信託銀行を経て、2002～06年立教大学大学院教授、2008～13年東京交通短期大学学長・教授。1996～2010年高千穂大学・早稲田大学大学院・関東学院大学・日本大学等兼任講師を歴任。経済産業省・日本規格協会「ISO/SR国内委員会」「ISO26000JIS化本委員会」委員等歴任。【主要著書】『CSRの基礎知識』日本規格協会、『コンプライアンス経営［新版］』生産性出版、『三方よしに学ぶ　人に好かれる会社』サンライズ出版（共編著）、『渋沢栄一に学ぶ「論語と算盤」の経営』同友館（共編著）、『二宮尊徳に学ぶ「報徳」の経営』同友館（共編著）、『石田梅岩に学ぶ「石門心学」の経営』同友館（共編著）、『企業の社会的責任と人権』人権教育啓発推進センター

水尾　順一（みずお　じゅんいち）　プロローグ

（一社）日本コンプライアンス＆ガバナンス研究所代表理事会長、駿河台大学名誉教授・博士（経営学）。1970年神戸商科大学（現・兵庫県立大学）卒業、（株）資生堂を経て1999年駿河台大学へ奉職、経済経営学部教授、経済研究所所長等を歴任後2018年３月退職。日本経営倫理学会常任理事、（一社）経営倫理実践研究センター首席研究員、NPO法人日本経営倫理士協会理事、2006～08年東京工業大学大学院特任教授、2010年ロンドン大学客員研究員、（株）ダイセル社外監査役、（株）西武ホールディングス企業倫理委員会委員、（株）アデランス顧問、（株）資生堂社友。消費者庁「内部通報制度に関する認証制度検討会」座長等。

【主要著書】『石田梅岩に学ぶ「石門心学」の経営』同友館（共編著)、『二宮尊徳に学ぶ「報徳」の経営』同友館（共編著)、『渋沢栄一に学ぶ「論語と算盤」の経営』同友館（共編著)、『サスティナブル・カンパニー：「ずーっと」栄える会社の事業構想』宣伝会議、『マーケティング倫理が企業を救う』生産性出版、『CSR で経営力を高める』東洋経済新報社、『セルフ・ガバナンスの経営倫理』千倉書房、『三方よしに学ぶ　人に好かれる会社』サンライズ出版（共編著)、他多数

蟻生　俊夫（ありう　としお）　第 1 章

（一財）電力中央研究所企画グループ上席、白鷗大学経営学部兼任講師（1995 年～)、日本経営倫理学会副会長・CSR 研究部会長、公益事業学会評議員。1988 年東北大学大学院修了（工学修士)、(財）電力中央研究所経済研究所入所。1992 年日本開発銀行非常勤調査員、1994 年ドイツケルン大学エネルギー経済研究所客員研究員、2005～14 年電力中央研究所社会経済研究所上席研究員。

【主要著書】『CSR マネジメント』生産性出版（共著)、『CSR イニシアチブ』日本規格協会（共編著)、『やさしい CSR イニシアチブ』日本規格協会（共編著)、『人にやさしい会社』白桃書房（共著)、『グローバル企業の経営倫理と CSR』白桃書房（共著)、「日本企業における CSR 体制・活動の財務業績への影響に関する実証分析」日本経営倫理学会誌第 22 号、『三方よしに学ぶ人に好かれる会社』サンライズ出版（共著)、『渋沢栄一に学ぶ「論語と算盤」の経営』同友館（共編著)、『二宮尊徳に学ぶ「報徳」の経営』同友館（共編著)、『石田梅岩に学ぶ「石門心学」の経営』同友館（共編著）

■執筆者（掲載順）

小滝　晃（こたき　あきら）　第2章

国土交通省近畿地方整備局総務部長、九州地方整備局副局長、大臣官房総括監察官等を経て、現在、パナソニックホームズ（株）渉外担当特別顧問、（一社）経営倫理実践研究センターフェロー、国士舘大学防災・救急救助総合研究所客員教授。

【主要著書】『実践コンプライアンスマネジメント入門―「組織の健康づくり」のノウハウ』ぎょうせい、『企業と法を見る目に確かさを』成文堂アカデミア叢書⑩（共著）、『東日本大震災　緊急災害対策本部の90日』ぎょうせい

平塚　直（ひらつか　ただし）　第2章

日本ビクター（株）営業本部企画部次長、CS本部人事責任者、パナソニックエクセルスタッフ横浜支店顧問、（一社）経営倫理実践研究センター主幹を経て、現在、NPO法人日本経営倫理士協会渉外担当。経営倫理士、日本経営倫理学会員、企業リスク研究所執行役員。

【主要著書】『三方よしに学ぶ　人に好かれる会社』サンライズ出版（共著）、『渋澤栄一に学ぶ「論語と算盤」の経営』同友館、（共著）、『二宮尊徳に学ぶ「報徳」の経営』同友館（共著）、『石田梅岩に学ぶ「石門心学」の経営』同友館（共著）

平野　　琢（ひらの　たく）　第3章
九州大学大学院経済学研究院産業マネジメント部門講師。一橋大学経営学修士課程修了、東京工業大学イノベーションマネジメント研究科博士課程修了（工学博士）。東京工業大学特別研究員、東京交通短期大学専任講師を経て2018年より現職。（一社）経営倫理実践研究センターフェロー。専門分野はリスクマネジメントおよび経営倫理。
【主要著書】『渋澤栄一に学ぶ「論語と算盤」の経営』同友館、（共著）、『二宮尊徳に学ぶ「報徳」の経営』同友館（共著）、『石田梅岩に学ぶ「石門心学」の経営』同友館（共著）など

小島　克己（こじま　かつみ）　第3章
アボットジャパン（同）リージョナル・コンプライアンス・ディレクター。京都府立医科大学客員教授。早稲田大学法学部卒。一橋大学大学院後期博士課程単位修得退学。経営大学院INSEADエグゼクティブ・プログラム（ヘルスケア・コンプライアンス）修了。
【主要論文・著書】「透明性ガイドラインに関する最近の世界の動きと日本の課題」年報医事法学32号、「APEC中小企業のためのビジネス倫理イニシアティブに関する一考察」年報経営倫理25号、『二宮尊徳に学ぶ「報徳」の経営』同友館（共著）、『石田梅岩に学ぶ「石門心学」の経営』同友館（共著）など

荻野　博司（おぎの　ひろし）　第4章
中央大学全学連携教育機構客員教授、多摩大学客員教授、NPO法人日本コーポレート・ガバナンス・ネットワーク執行理事。1975年一橋大学法学部卒業。朝日新聞社論説副主幹などを経て、現職。2014年から苫小牧埠頭（株）社外監査役を兼職。
【主要著書】『問われる経営者』中央経済社、『日米摩擦最前線』朝日新聞社、『コーポレート・ガバナンス―英国の企業改革』商事法務研究会（編著）